AF237998

vidas para leerlas

Audazmente tímida

La vida de Natalia Ginzburg

Maja Pflug

Traducción de Gabriela Adamo

siglo veintiuno
editores

españa
siglo xxi editores
www.sigloxxieditores.com
travesía bellver, 2, 28039, madrid

argentina
siglo xxi editores
www.sigloxxieditores.com.ar
guatemala 4824, c1425bup, buenos aires

méxico
siglo xxi editores
www.sigloxxieditores.com.mx
cerro del agua 248, coyoacán, 04310, ciudad de méxico

Título original: *Natalia Ginzburg, eine Biographie*

Publicado por acuerdo con Casanovas & Lynch Literary Agency

© 1995, 2011, Verlag Klaus Wagenbach, Berlín
© 2020, Siglo Veintiuno Editores Argentina S.A.

© 2024, Siglo XXI de España Editores, S. A.
Travesía Bellver, 2 - 28039 Madrid
Tel (34) 676 22 28 70
editorial@sigloxxieditores.com
www.sigloxxieditores.com

Edición al cuidado de Luciano Padilla López

Diseño de cubierta: Estudio Pep Carrió

Primera edición en España: septiembre de 2024

ISBN: 978-84-323-2113-9
Depósito legal: M-16733-2024

Impreso en España. *Printed in Spain.*

Índice

Para Günter y UWaChriWo

Vista de Palermo.

Nacida en via della Libertà
1916-1921

El 14 de julio de 1916, en Palermo, Lidia Tanzi dio a luz por quinta vez: una niña, Natalia. "¡El día de la toma de la Bastilla, en via della Libertà!". Natalia nació en verano y esta siguió siendo su estación preferida: "Me alegraban el calor y las primeras cerezas... Había muchas carrozas y los cocheros cubrían las cabezas de los caballos con capuchas de tul para protegerlos de las moscas. Yo decía que los caballos iban 'vestidos como hadas'. Al ver los primeros caballos 'vestidos como hadas', me sentía feliz".

Natalia fue la rezagada; su hermano mayor, Gino, le llevaba quince años. Cuando, a veces, los padres hablaban sobre qué sería de la niña si algo les pasaba a ellos, ya viejos, ella respondía: "No os preocupéis por mí: tengo a Gino, que me protege".

El padre, Giuseppe Levi, era triestino, alto y pelirrojo. Vivía con su mujer, Lidia –de origen lombardo–, y los cuatro hermanos mayores –que habían nacido en Florencia– en la capital de Sicilia porque, en esa época, enseñaba anatomía en la universidad local.

En 1915, Italia entró en la Primera Guerra Mundial. Giuseppe Levi fue enviado como médico militar al Carso, cerca de Trieste, y solo podía visitar a su familia en Sicilia durante sus escasas licencias del frente. A Palermo no llegaba mucho de la guerra, y Lidia iba con sus hijos a la playa de Mondello. Allí solían encontrarse con Olga, una amiga de la hermana Paola, y Natalia la llamaba la "Olga viva" para diferenciarla de su muñeca, que tenía el mismo nombre.

* * *

Carlo Tanzi y Giuseppina Biraghi, abuelos maternos de Natalia, se casaron en 1877 en Milán. Eran vecinos. Carlo Tanzi, un hombre joven con anteojos, distinguido, abogado recién recibido, le gustaba a la bella y rubia Giuseppina –que pertenecía a una familia sencilla– porque todos los días oía cómo él le preguntaba a la portera: "¿Hay caaaaartas para mí?", con la dicción tajante y acentuada de los friulanos, algo que a su vecina le parecía muy elegante. Pero también se casó con él porque su mayor deseo era "hacerse un abrigo de terciopelo negro para el invierno". Carlo Tanzi nunca ejerció el derecho, sino que, como socialista comprometido, se dedicó a la política activa. Leonida Bissolati y Filippo Turati, dos de los padres fundadores del Partido Socialista Italiano, y la compañera de Turati, la revolucionaria rusa Anna Kuliscioff, eran como de la casa. Para Lidia, los amigos de su padre eran como parientes cercanos. Giuseppina, en cambio, siempre se mantuvo alejada de la vida política de su marido y sobre la hija Lidia solía decir: "Esa muchacha va a terminar casándose con un don nadie". El matrimonio no fue feliz. Finalmente la pareja se separó y Giuseppina se mudó a Florencia. En los últimos años de su vida, Carlo Tanzi retomó sus actividades como abogado, "pero dormía hasta las cinco de la tarde y cuando llegaban los clientes exclamaba: '¿Pero qué buscan? ¡Sacadlos de aquí!'".

El matrimonio tuvo tres hijos: Lidia, la madre de Natalia; Drusilla, "que siempre rompía las gafas"; y Silvio.

Lidia, nacida en 1878, había pasado largos años en un internado donde se había divertido mucho: "En las fiestas escolares actuaba, cantaba y bailaba… Los domingos visitaba a un tío materno… Para almorzar había pavo". A los dieciséis dejó el internado, abandonó Milán y se mudó a casa de su madre en Florencia. Se inscribió en la Facultad de Medicina pero no terminó su carrera porque conoció al padre de Natalia y se casó. "Mi abuela paterna no aprobaba ese matrimonio porque mi madre no era judía; además, le habían contado que era una católica muy devota… Pero no era verdad: en la familia de mi madre nadie iba a la iglesia ni hacía la señal de la cruz".

Lidia Tanzi, madre de Natalia.

La hermana de Lidia, Drusilla, también vivía en Florencia. Se casó con Matteo Marangoni, profesor de Historia Natural, que daba clases en una escuela privada. El poeta Eugenio Montale –ya conocido gracias a su libro de poemas *Huesos de sepia*– formaba parte del círculo de amigos de los Marangoni y, desde 1929, vivió unos años con ellos, en una habitación en el sótano. Él y Drusilla se enamoraron. Finalmente, en 1939, se fueron a vivir juntos; en 1948 se mudaron a Milán, donde a Montale lo habían convocado como redactor del *Corriere della Sera*, pero recién se casaron en 1963, medio año antes de que ella falleciera. Drusilla –que para Montale y los amigos era "la Mosca", por sus gafas de miope– sigue viva en los poemas de *Xenia*.

Silvio, el menor de los tres, se convirtió en músico y literato. Era muy elegante: "Paseaba por Milán con bastón y sombrero de paja, se encontraba con sus amigos en los cafés y discutían de música". Cuando la madre de Natalia hablaba de él, siempre lo describía como un hombre muy alegre; solo sobre su final mantenía silencio. Cuando años más tarde Natalia se enteró de los detalles, le resultaron incomprensibles: Silvio se había disparado un tiro a los treinta años, de noche, en un banco en un parque de Milán.

* * *

El padre de Natalia, Giuseppe Levi, pertenecía a una familia de banqueros judíos triestinos. Su padre, Michele Levi, que "debería ser un hombre extremadamente bondadoso y apacible", se casó en 1871 con Emma Perugia, "la segunda muchacha más bonita de Pisa". Tuvieron dos hijos, Giuseppe y Cesare. Emma enviudó pronto –Michele Levi murió cuando Giuseppe tenía catorce años– y regresó con los dos varones a la Toscana.

Giuseppe Levi, padre de Natalia.

Giuseppe empezó a estudiar medicina en Florencia; los compañeros lo llamaban "'Pom', lo que quería decir *pomodoro*" –tomate–, "por su pelo rojo". El otro hijo, Cesare, tranquilo, gordo y siempre divertido, llegó a ser un crítico de teatro muy benévolo: "Nunca quería decir algo malo de una obra, en todas encontraba algo bueno". Se casó con una actriz, cosa que para su madre fue una gran tragedia. Durante años no le permitió que le presentara a su esposa; tener una nuera actriz le parecía incluso peor que tener una que se persignara.

Emma había sido muy rica y cuando le preguntaban por qué no se había vuelto a casar respondía "con una risa aguda, estridente, y una franqueza que nunca habríamos sospechado en ella: '¡En esa no caigo! ¡Faltaba más, que me roben toda mi fortuna!'". Empobreció durante la Primera Guerra Mundial: en contra del consejo de su hijo Giuseppe, no se deshizo de unos bonos austríacos, ya que confiaba ciegamente en el emperador Francisco José y no podía concebir que Italia ganaría. Así perdió mucho dinero. "'Mi desgracia', solía decir, cuando se aludía al tema". De todos modos, después de la "desgracia", le quedó una hermosa casa en Florencia, decorada con muebles de la India y la China y con alfombras turcas que había heredado de su abuelo, el *nonno Parente*, declarado de la nobleza en 1848 por Francisco José, en reconocimiento a su apoyo a Austria durante la guerra contra el Piamonte. De las paredes de su salón colgaban los retratos de sus antepasados, aunque faltaba la imagen de su padre. "No había que hablar de él: un buen día, después de enviudar, se peleó con sus hijas ya adultas y declaró que, por desprecio a ellas, se casaría con la primera mujer que se cruzara en la calle". Con esa nueva mujer –si fue la primera que se cruzó, no se sabe– tuvo una hija más, que Emma nunca quiso conocer. Con disgusto se refería a ella como "la niña de papá", incluso cuando "la niña de papá" ya se había convertido en una distinguida señora madura.

Emma regía su vida por estrictos principios y sentía "asco de todo y gran temor ante las enfermedades, aunque su salud era de hierro, tanto que murió con más de ochenta años sin haber necesitado jamás un médico o un dentista".

"Cómo pudo ser que de ese linaje de banqueros… hayan salido mi padre y su hermano Cesare, completamente desprovistos de cualquier percepción para los negocios, no lo sé. Mi padre dedicó su vida a la investigación científica, profesión que no le dio dinero; y sobre el dinero tenía una idea indefinida y confusa, marcada por una fundamental indiferencia… Toda la vida lo acompañó la preocupación de quedarse, de un día para el otro, en la calle; una preocupación irracional".

* * *

Cuando Giuseppe Levi y Lidia Tanzi se casaron, Giuseppe trabajaba en una clínica con un tío de Lidia que era psiquiatra y a quien –a pesar de ser muy inteligente, formado e irónico– su familia había apodado "el Demente".

Pasó un tiempo hasta que Giuseppe pudo convencer a su madre –que "sentía rechazo por quienes no eran judíos como ella, tanto como por los gatos"– para que conociera a Lidia. Se encontraron una noche en el teatro, donde fueron a ver una comedia. El hermano Cesare, el crítico, había conseguido las entradas: lugares en primera fila. Las dos mujeres se cayeron bien y Lidia pasó a ser la única persona no judía por la que la desconfiada Emma llegó a sentir afecto.

"Después, en casa de mi abuela paterna, mi madre conoció a todas las Margheritas y Reginas", primas y tías de Giuseppe, que llevaban los nombres típicos de las familias judías de la época, "y también a la famosa Vandea, que en esa época aún vivía", una tía que era llamada así, con ecos de la Vendée, "porque era reaccionaria y recibía en su salón a los reaccionarios y defensores de la nobleza. El *nonno Parente*, en cambio, había fallecido tiempo atrás".

* * *

En 1901 nació Gino, el primer hijo de Giuseppe y Lidia; un año después, la hija Paola; en 1905 siguió Mario y en 1909, Alberto. Cuando Alberto cumplió un año, la familia se mudó a Cerdeña, ya que el padre había obtenido una cátedra de Anatomía Humana en Sassari. Unos años más tarde pasó a Palermo, donde nació Natalia: la última de cinco hermanos.

* * *

En 1919, cuando Natalia tenía tres años, Giuseppe Levi recibió una oferta de la Universidad de Turín. Viajó solo y buscó un lugar para vivir. "La casa en via Pastrengo era muy grande. Tenía diez o doce habitaciones, un patio, un jardín y una galería vidriada que daba al jardín; pero también era muy oscura y húmeda y en invierno aparecían uno o dos hongos en el inodoro". La familia se mudó en septiembre.

La terminal de Porta Nuova en Turín.

Los primeros años en Turín fueron difíciles, sobre todo para la madre de Natalia. Era plena posguerra, el precio de los alimentos aumentaba, los niños crecían y necesitaban zapatos nuevos, abrigos y libros escolares, y el dinero nunca alcanzaba ya que el salario de Giuseppe no permitía lujos para una familia de siete personas. Lidia a veces lloraba. Su marido solía estar malhumorado; ella tenía que volver a acostumbrarse a la nieve y al frío de los inviernos turineses y recordaba con nostalgia Sassari y Palermo. Allí había tenido viviendas llenas de sol y –al menos así le parecía a la distancia– su vida había sido fácil y cómoda, con extraordinarias empleadas a su servicio. "A pesar de todo, era feliz, porque no bien dejaba de llorar se mostraba muy alegre y cantaba a voz en cuello por la casa: *Lohengrin, La Pianella perduta nella neve* y también *Don Carlos Tadrid*", ópera que ella misma había creado y compuesto en su juventud.

Natalia casi no se acordaba de su ciudad natal, pero imaginaba que –igual que su madre y su hermana– la extrañaba y, con ese sentimiento, escribió su primer poema, un pareado:

> Palermín, Palermín,
> Eres más lindo que Turín.

"En casa celebraron este poema como señal de una vocación precoz". Y eso que en casa Levi no era nada fuera de lo común inventar y recitar poemas; Mario, hermano de Natalia, también escribía versos de vez en cuando, y el hermano Alberto, a sus once o doce años, había creado sin referencia alguna a hechos reales sino como "puro fruto de imaginación poética" estos versos:

> La solterona anciana,
> Sin rastro de mamas,
> Dio a luz a un mocoso
> Realmente hermoso.

La familia Levi pasaba el verano en las montañas. Durante tres meses –de julio a septiembre– alquilaban una casa que quedaba muy lejos del pueblo. No había diversiones ni pasatiempos. "¿Dónde está la madre? ¿Alguien lleva la madre?", gritaba el padre al partir. "La madre" era la levadura con que preparaba su *mezzorado*, una especie de yogur que en esa época aún no se conseguía en los comercios. Giuseppe Levi fue un pionero en el consumo de yogur y en muchas otras cosas (fue el primero en Italia que experimentó con el cultivo de células *in vitro*). A menudo emprendía excursiones por la montaña; solía salir a las cuatro de la mañana, previa ingesta de varias tazas de *mezzorado*. Iba "a veces solo, a veces con guías amigos, a veces con mis hermanos; al día siguiente, el cansancio lo volvía intratable... bastaba cualquier nimiedad para que estallara con una furia terrible". El montañismo es "la diversión que el diablo da a sus hijos", les decía la madre de Natalia a los chicos cuando al anochecer, sentados alrededor de la mesa, charlaban, contaban historias, recitaban poemas y cantaban. Cada vez que Giuseppe, que se encerraba a leer en una habitación en el lado opuesto de la casa, los oía reír, se acercaba con recelo y bufaba: "¡Puras tonteras, todo el tiempo! ¡Puro sainete, todo el tiempo!". "¡Lidia, Lidia, vamos a pasear!", tronaba a la mañana. Lidia lo seguía, entregada: "Con su bastoncito, el saco tejido atado en las caderas, iba unos pasos detrás de él y sacudía sus cabellos cortos, grises y enrulados".

La madre de Giuseppe, la abuela Emma, que ya se había vuelto una anciana pequeña, con botitas abotonadas y pelo blanco, también solía llegar desde Florencia para pasar un tiempo con la familia, pero se hospedaba en el hotel del pueblo. Los nietos la visitaban allí y su hijo iba todos los días "a pasear un poco con ella". Se adelantaba con zancadas largas, la pipa en la boca; ella lo seguía con sus pasitos abotinados y ruido de faldas. Era muy terca y, si algo no le caía bien, se detenía y golpeaba furiosa el suelo con su sombrilla.

Natalia, a sus seis años de edad, en el jardín.

El único que compartía el entusiasmo del padre por la montaña era Gino, el mayor. Era su preferido, le interesaba la historia natural, coleccionaba insectos, cristales y otros minerales; su padre estaba claramente satisfecho con él. Los otros se aburrían, excepto Natalia. Ella era la menor y se arreglaba con poco: cazar lagartijas, observar ardillas. En esa época todavía no conocía el aburrimiento de los veraneos. "¡Vosotros os aburrís porque no tienen vida interior!", aseveraba el padre. No conocía la vivaz fantasía de Natalia, por donde pululaba "un pueblo rebelde de enanos negros, agitado y vanidoso", como un "ejército de hormigas". "Eran un poco mis súbditos, un poco mis cómplices en conjuraciones gubernamentales, a veces mis despectivos y malévolos perseguidores. Los llamaba 'los Nosotros'... Me hacían enfadar, llorar, refunfuñar, discutir, pero sobre todo, me hacían reír, cuando me ensordecían con sus chillidos. Por motivos que no lograba conocer, nadie debía enterarse de su existencia".

De regreso en Turín y a pesar de tener la edad suficiente, Natalia no fue a la escuela, sino que, igual que sus hermanos, durante los primeros cinco años recibió clases en su casa, debido al temor de su padre a que se contagiaran alguna enfermedad de los demás niños. El cariño que sentía por su benjamina no se expresaba tanto en gestos afectuosos, sino en una preocupación científicamente fundada: todavía no se había descubierto la penicilina. Como era común en aquella época, le daba más importancia a la salud física que a la psicológica.

Él mismo se daba una ducha fría todas las mañanas y "al recibir el latigazo del agua, lanzaba un alarido, como un largo rugido; después se vestía, engullía grandes tazas de *mezzorado* gélido" y salía de la casa con un impermeable largo, ancho, lleno de bolsillos y botones de cuero; con una boina amplia en la cabeza, "las manos en la espalda, la pipa, sus pasos torcidos, un hombro más alto que el otro; las calles estaban casi vacías, pero, con la cabeza gacha y enroscado en su malhumor, lograba chocarse con las pocas personas que a esa hora se cruzaban en su camino".

"Mi madre también tomaba duchas frías a la mañana. Ella y él tenían unos guantes ásperos con los que se frotaban para entrar en calor después de la ducha. 'Estoy helada', decía mi madre, pero radiante, porque le gustaba mucho el agua fría, 'todavía estoy completamente helada'. Y envuelta en su bata de baño y con la taza de café en la mano, daba una vuelta por el jardín... cantaba y sacudía su pelo mojado en el aire matinal".

En esa época, los hermanos iban al instituto –Gino ya al Politécnico– y la casa quedaba en silencio. Natalia, como siempre, no tomaba leche al desayuno: solo la tomaba cuando estaba en casa de desconocidos, por timidez. Y como no había modo de convencerla, Natalina –la empleada doméstica, a quien la madre llamaba "mi Luis XI"– le terminaba preparando una sopita de fideos. Luego Lidia intentaba enseñarle aritmética. Buscaba piedritas en el jardín y las acomodaba sobre la mesa; a veces también usaba caramelos, prohibidos para otros fines en la casa Levi. Pero no había caso: "A mí se me hacía todavía más odiosa esa aritmética asociada a piedritas y caramelos".

Para enseñarle geografía, en cambio, la madre recurría a los países que el padre había visitado en su juventud. "Había estado en la India, donde le dio el cólera... y había estado en Alemania y en Holanda. También había estado en Spitzberg". En esa isla –actual Spitsbergen–, "había entrado a cráneos de ballenas en busca de ganglios cefalorraquídeos; pero no había logrado encontrarlos. Había quedado todo manchado con sangre de ballena". Para ilustrar lo que contaba, la madre de Natalia también le mostraba fotos: "Mi padre apenas aparecía al fondo, como una sombra diminuta; y de la ballena no se veía la boca ni la cola... solo una especie de colina dentada, gris y neblinosa".

El misterio absurdo de los adultos
1922-1926

Cuando los hermanos regresaban, volvía la animación a la casa. Discutían agitadamente sobre política. "Las cosas que mi padre respetaba y valoraba eran: el socialismo, Inglaterra, las novelas de Zola, la Fundación Rockefeller, la montaña y los guías de montaña del Valle de Aosta. Las cosas que mi madre amaba eran: el socialismo, los poemas de Paul Verlaine, la música y, sobre todo, *Lohengrin*".

La "marcha sobre Roma" en las afueras de la ciudad, 1922.

Pero en la calle era cada vez más común ver marchar a los camisas negras: Mussolini había tomado el poder en 1922.

El padre solía volver furioso del trabajo porque había descubierto nuevos seguidores del fascismo entre sus colegas de la facultad.

"Levi no solo no ocultaba su desprecio hacia el régimen fascista, Mussolini y los bufones jerarcas del partido, sino que disfrutaba proclamando sus ideas cuando se encontraba con conocidos, colegas o algún asistente suyo en medios de transporte público, algo que sucedía a menudo porque él no conducía" –escribe una alumna suya que años más tarde recibiría el premio Nobel de la Paz, Rita Levi Montalcini–. "Los otros mantenían un silencio incómodo cuando Levi, encantado con el encuentro, expresaba en voz alta su opinión sobre las últimas payasadas que llenaban los diarios que cantaban loas a la genialidad del Duce; asentían débilmente con la cabeza y buscaban una excusa para bajarse en la parada siguiente".

Un poco más tarde, cuando el profesor Levi llegaba a su casa, gritaba impaciente desde la puerta: "Lidia, Lidia, ¿dónde estás?". Las discusiones en la mesa solían terminar en una pelea furibunda, servilletas que volaban por el aire, portazos. Si bien todos estaban en contra del fascismo, "Mario –seguramente por llevarles la contraria a mis padres– de algún modo defendía a Mussolini". La familia entera temía los repentinos ataques de ira del padre; pero también Mario y Alberto –ya grandes y fuertes los dos– se iban a las manos. De pronto llegaba el ruido de sillas que caían en su dormitorio y un griterío salvaje. "¡Beppino, ayuda, se están matando!", llamaba la madre aterrorizada a su marido, mientras Gino se quedaba tranquilamente sentado y seguía leyendo el diario.

Natalia no entendía los motivos de esas discusiones a los gritos; "el misterio absurdo de los adultos" oscurecía su niñez, pero "una de las pocas ideas políticas que defendí, tal vez la única, me fue aportada a mis siete años. Me explicaron qué era el socialismo, vale decir, me contaron que era igualdad de bienes e igualdad de derechos para todos. Me pareció algo que era imprescindible concretar de inmediato. Me resultó raro que aún no se hubiera puesto en práctica. Recuerdo al detalle la hora y la habitación en que me regalaron esta frase, que me pareció clarísima e indispensable". Desde que aprendió a leer, los libros fueron su pasión. Había empezado a escribir "un poema por día" y, de vez en cuando, también novelas. Como sus hermanos, enterados de esto, solían revolver sus cajones para burlarse de los textos, ella empezó a esconderlos. Los escribía en un cuaderno que enganchaba con alfileres a su enagua.

A los ocho años escribió una obra de teatro, *Diálogo*, sobre padres y hermanos que usaban las frases comunes en la familia. De algún modo, un primer borrador de su futuro *Léxico familiar*. Dio a leer esta comedia a los adultos, y a todos les pareció muy buena y entretenida.

Los Nosotros empezaron a aburrirla, así que los reemplazó por otro, único compañero de juegos: el muy hermoso "príncipe Sergio", de pelo rubio y ensortijado. "También le di una hermana, tres hermanos, algún que otro oso y un ovejero alemán bastante feroz. Le di residencias muy suntuosas, donde se escondía. Era muy rico, pero era un fugitivo, escapado de Rusia durante la Revolución, con secretos de Estado. Me encantaba su vida principesca y errante. Se mudaba todo el tiempo.... Yo tenía el hábito de llamarlo a menudo, haciendo el gesto de sostener el auricular dèl teléfono en la mano no bien me quedaba sola: 'Hola', decía, '¿está el príncipe Sergio?'... Tuve con él un romance que duró muchos años". Esa relación imaginaria no se vio afectada por su habitual timidez. Si bien tenía muchas ganas de estar en compañía de chicos de su edad, no estaba acostumbrada al roce cotidiano con ellos. Malcriada por la recurrente soledad –que odiaba– y por ser la menor a la que le dejaban pasar muchas cosas, las pocas veces que jugaba con otros niños se comportaba con vergüenza y temor, o bien, con soberbia y terquedad; en cualquiera de los casos, era "incapaz de soportar la voluntad de los otros".

"Su Señoría", la llamaba la madre cuando hablaba con alguna amiga que le proponía ir al cine a la tarde. "Primero tengo que preguntarle a Su Señoría, a ver qué quiere hacer".

En general, Natalia estaba de acuerdo. Pero a veces no tenía tiempo porque debía estudiar. A esa altura ya recibía su educación de maestras domiciliarias, que cambiaban a menudo porque la madre siempre esperaba encontrar alguna que lograra despertar un poco a su hija soñadora.

A fin de año, una maestra la acompañaba a una escuela pública de las afueras para que se examinara. Viajaban hasta la terminal del tranvía y seguían caminando entre huertas y cerezos. "Algunas maestras me recibían con grandes celebraciones... Los chicos se amontonaban a mi alrededor, curiosos y tímidos... tenían las cabezas rapadas, moños azules y guardapolvos blancos; hablaban piamontés, idioma que yo apenas entendía, que amaba y por el que los envidiaba, porque me parecía el lenguaje sublime y bendito de los pobres, de aquellos que podían ir a la escuela y a la iglesia, de aquellos que tenían la inmensa fortuna de ser todo lo que yo no era. Sentía crecer en mí, como un hongo, la convicción altanera y humillante de que era diferente y, por eso, estaba sola".

La asistencia a la escuela y a la iglesia eran dos privilegios que Natalia sentía vedados. Eran privilegios de los otros, quizá de los pobres, indudablemente de aquellos que eran "como todos". Su familia le parecía "como nadie". No iban a la iglesia ni a la sinagoga, como algunos familiares del padre. Ante la pregunta desesperada de Natalia –"¿Pero nosotros qué somos?"–, los hermanos le explicaban: "¡Somos nada! Somos mezclados, mitad judíos y mitad católicos, o sea, nada". Natalia sufría por esta falta de pertenencia. Habría querido tener al menos una religión.

Tampoco le quedaba claro si pertenecían a "los ricos" o más bien a "los pobres", porque a cada rato oía a sus padres decir que no había dinero y ella no podía encontrar signos de riqueza a su alrededor: nada de "terciopelos y brocados", ni manjares selectos.

A la noche, Natalina solía preparar una sopa de cubitos Liebig, que le gustaba sobre todo a la madre, y una *omelette*. A diferencia de los hermanos Mario y Alberto, Gino –el mayor– solía traer amigos; el padre siempre los invitaba a cenar, a pesar de que luego no alcanzara para todos. "¡No sean puercos, no hagan cochinadas!", gritaba si alguno limpiaba el resto de la sopa con un pan. Los demás miembros de la familia se quedaban duros; aunque deberían haber sabido lo contrario, esperaban que en presencia de invitados Giuseppe se controlaría.

Uno de estos amigos era el hijo de una familia de industriales, Adriano Olivetti. Natalia recordaba muy bien la primera vez que llegó de visita, vestido de uniforme porque –igual que Gino– estaba haciendo el servicio militar. "En ese entonces, tenía barba, una barba desprolija y rizada, de color rojizo; el pelo largo más rubio, castaño claro, se le rizaba en la nuca, y era gordo y pálido... Nunca vi a alguien más torpe y menos marcial que él, con el uniforme gris y el revólver en el cinto. Tenía un aire melancólico, tímido y callado, pero cuando hablaba, lo hacía largo y en voz muy baja; decía cosas confusas, oscuras". Giuseppe Levi, que se había enterado a través de Gino de que a Adriano le gustaba el montañismo, que era antifascista e hijo de un socialista también amigo de Turati, lo apreciaba y demostró tener más capacidad de penetración psicológica de lo que su familia habría creído: fue capaz de ver en ese joven torpe las cualidades del hombre en el que Adriano se convertiría más adelante.

Alberto prefería ver a sus amigos fuera de la casa. "Mamá, ¿podrías darme dos liras por favor? ¡Voy un rato a lo de mi amigo Pajetta!". O: "¡Voy un rato a lo de mi amigo Pestelli!". Siempre estaba de buen humor, lo apasionaba el fútbol, se interesaba por las chicas; ni siquiera los tremendos ataques de ira del padre afectaban su ánimo. Ya que no le alcanzaban las "dos liras" que le pedía a Lidia varias veces al día, de vez en cuando vendía en secreto un par de libros. Natalia observaba cómo los estantes se iban vaciando y sentía pena por las hermosas novelas que desaparecían de un día para el otro. Pero no podía hacer nada, ni siquiera quejarse con la madre, porque eran novelas que ella leía a escondidas. A veces, Alberto también empeñaba alguna pieza de la platería. "¡Fíjate lo que hizo Alberto!", se indignaba Lidia frente a su hija Paola, pero siempre lo protegía del padre y revisaba sus cajones en busca de la boleta de empeño para ir a recuperar su cafetera.

Natalia a sus ocho años.

Cuando llevaron preso a Giancarlo Pajetta, aún en pantalones cortos –lo encerraron en un correccional para menores–, por repartir panfletos antifascistas en el instituto, y también interrogaron a Alberto por ser su mejor amigo, la madre le dijo contenta al padre: "Has visto, Beppino, yo te lo decía: Alberto siempre elige bien a sus amigos. Siempre son más serios y esforzados que él". El padre se encogió de hombros pero por un par de días prescindió de llamar *mascalzone* a su hijo.

Los otros dos hermanos, Paola y Mario, se llevaban muy bien en esa época. Nadaban en melancolía y se pasaban horas sentados en el sofá de la sala con la madre y Tullio Terni, un colega del padre, hablando sobre Proust. Amaban la pintura y la poesía y mostraban una profunda contrariedad ante el despotismo del padre y las costumbres sencillas y estrictas que reinaban en la familia. Mario quería estudiar abogacía, pero el padre lo obligó a anotarse en economía y comercio; eso motivó años de recriminaciones. Paola también estaba disconforme con la vida que llevaba. Ella, la belleza de la familia, habría querido cortarse el pelo y usar tacones altos, bailar en las fiestas de sus amigas y jugar al tenis. En cambio, para su frustración, debía acompañar al padre y a Gino a las montañas. Eso sí, esquiaba a la perfección y, "cuando se lanzaba ladera abajo con el impulso de una leona", daba toda la impresión de que lo disfrutaba.

Paola Levi, hermana de Natalia.

Paola y Mario también solían ir al teatro con la madre. Tullio Terni los invitaba a su palco, así que el padre no se podía quejar. Cuando le reclamaba a Lidia "¡Siempre vas a divertirte! ¡Siempre me dejas plantado!", ella respondía: "Pero si todas las noches te encierras en tu estudio. Nunca me haces compañía". Y él: "¡Pero qué burra!... Si no me casé contigo para hacerte compañía".

Una vez, la madre llevó a Natalia a la ópera. Daban *Madama Butterfly*. Natalia había llevado una revista para chicos, el *Corriere dei Piccoli*, y leyó todo el tiempo: "Me esforzaba por descifrar las palabras con la luz débil del proscenio y con las manos me tapaba los oídos para no oír el estruendo".

* * *

La situación económica de la familia había mejorado de a poco. Giuseppe Levi compró una vivienda en el piso más alto de un edificio en via Pallamaglio –la actual via Morgari– y se mudaron. A Lidia no le gustaba nada el departamento nuevo y extrañaba su casa anterior: "¡En via Pastrengo al menos teníamos un jardín!". Natalia tomó los cambios con calma, aunque ella también había querido mucho ese jardín. Se hablaba menos de dinero, Paola y la madre se hacían hacer vestidos más seguido, y por fin se instaló un teléfono. Las acciones inmobiliarias en las que Giuseppe Levi había invertido seguían cayendo y las conversaciones de los adultos al respecto despertaban sentimientos encontrados en la más pequeña: "Tenía la ilusión de que de pronto nos hiciéramos muy ricos, pero también alimentaba la esperanza, mezclada con terror, de que se cumpliese lo que solía predecir mi padre, es decir, que terminaríamos 'en la ruina'. Y nos veía a todos, una mañana, sentados sobre los escombros de nuestra casa, que una ola de desdicha había derrumbado durante la noche, cubriéndola de ortigas y una nube de polvo".

Para ese entonces, los hijos mayores habían partido. Al terminar el Politécnico y después de reflexionar mucho sobre si viajar a la Argentina e ingresar a la empresa de un amigo de sus padres, Gino aceptó la oferta del "viejo Olivetti" para entrar a su fábrica de máquinas de escribir en Ivrea. Allí conoció a una muchacha llamada Piera y quiso casarse. Cuando se enteró, al padre le dio un terrible ataque de furia. Mandó a

Gino por un tiempo a Alemania, para que olvidase a la joven y aprendiese alemán, pero fue en vano: Gino se casó no bien volvió, en 1926, y se fue a vivir con su esposa a Ivrea. "Uno tras otro, mi padre nos prohibió casarnos, pero no logró nada, porque todos nos casamos igual".

Mario encontró trabajo en Génova y solo regresaba los sábados.

Alberto fue enviado a un internado. Para el padre, era un castigo grave, pero la madre le decía: "¡Verás lo bien que estarás! ¡Verás cuánto te divertirás!". A Alberto, alegre, sociable y desenvuelto como era, le encantó el internado.

* * *

A fines de otoño, Natalia sufrió una otitis. En los primeros días de la enfermedad, la atendió su padre. "Se volvía muy suave y amable con sus hijos y amigos cuando enfermaban, pero apenas comenzaban a recuperarse, volvía a maltratarlos". La situación de Natalia no mejoraba. Estuvo enferma todo el invierno. La infección avanzó sobre las mucosas del hueso temporal y finalmente fue necesario internarla. Para quitarle el miedo, la madre le contó que el hospital era la casa del doctor y que los otros enfermos, en las muchas habitaciones, eran sus parientes. "De puro obediente, le creía, pero al mismo tiempo sabía que eso era un sanatorio; esa vez, como también más tarde, la verdad y la mentira se mezclaban dentro de mí".

Ya curada y de regreso en su casa, Natalia escuchó que alguien tosía en el cuarto de al lado. Por lo general, allí dormía Mario cuando venía de visita, pero no era sábado, de modo que no podía ser él. Era Filippo Turati, el viejo amigo de los padres, presidente del Partido Socialista Italiano y antifascista de la primera hora, víctima de persecución y en camino de huida hacia Francia. En 1917 vivió un par de días escondido en la casa Levi. Natalia lo reconoció porque había visitado a sus padres en otra ocasión y la había impresionado profundamente: "Viejo, grande como un oso, con una barba gris y redonda". Sin embargo, la madre le dijo: "Este es el señor Paolo Ferrari, está cansado, viejo y enfermo y no hay que hacerle muchas preguntas". Además, Natalia no debía hablar con nadie sobre su presencia. "Por eso, de puro obediente, creí que él era Turati y Ferrari a la vez, y de nuevo la verdad y la mentira se mezclaron en mí".

Los padres se alegraron con esa visita y hasta el padre habló en voz baja por un tiempo. Cuando sonaba el timbre, la "gran sombra de oso" se deslizaba por las paredes del pasillo: Turati-Ferrari desaparecía en su habitación. Unos días más tarde lo fueron a buscar dos o tres hombres en impermeables. De ellos, Natalia solo conocía a Adriano Olivetti: esa noche "tenía ojos asustados, decididos y alegres; dos o tres veces en la vida le vi esa mirada. Eran los ojos que tenía cuando ayudaba a alguien a huir, cuando había un peligro y alguien a quien salvar".

En los meses siguientes, dos de los ayudantes en aquella huida –Carlo Rosselli y Ferruccio Parri– fueron apresados, condenados por el Tribunal Especial Fascista –creado en 1926 para juzgar delitos políticos– y enviados al confinamiento en la isla Lipari. De allí lograron huir hacia París, donde en 1929 Rosselli fundó el movimiento de resistencia antifascista Giustizia e Libertà.

Adriano se escondió varios meses en la casa Levi. Toda la familia vivió con miedo durante un tiempo, pero no pasó nada. Dormía en el cuarto de Mario, donde había dormido también Paolo Ferrari. Ya desde la época de su servicio militar, Adriano estaba enamorado de la hermana de Natalia, Paola, que en esa época solo había tenido ojos para un compañero de estudios, un ferviente admirador de Proust con el que hacía largas caminatas, para gran disgusto del padre. "Ante todo, porque sus hijas no debían pasear con hombres y, además, para él un literato, un crítico, un escritor representaban algo despreciable, frívolo y también equívoco. Era un mundo que le repugnaba".

La madre tampoco había estado fascinada con aquel muchacho. Quizá se mezclaron un poco los celos, ya que antes era ella la que paseaba con Paola por la ciudad y tenían una relación muy amistosa; de pronto, la hija casi no tenía tiempo para ella. Pero esa historia había terminado, y Paola y Adriano se comprometieron. Cuando Adriano pasó un tiempo en el exterior, se escribieron largas cartas, y se casaron en mayo de 1927. "El viejo Olivetti llegó a casa de mis padres para pedirles la mano de su hija; llegó en moto, desde Ivrea, tenía una gorra con visera y muchos diarios en el pecho... por el viento. Pidió la mano de mi hermana en cuestión de un instante; pero después se quedó un largo rato sentado en el sillón del salón, hablando de sí mismo: cómo había construido la fábrica con muy poco dinero, cómo había educado a todos sus hijos y cómo leía la Biblia todas las noches antes de dormir". Cuando se fue, Giuseppe Levi estaba furioso. "¡Es demasiado rico!" –le gritaba a su esposa–. "¡Y está demasiado obsesionado con el psicoanálisis!". Si bien le gustaban los Olivetti, le parecían "un poco extravagantes. Y los Olivetti decían de nosotros que éramos demasiado materialistas, en especial mi padre y Gino".

¿Has tomado algo calentito?
1927-1932

Natalia cumplió once años y entró al instituto. Paola, la hermana mayor –que desde su casamiento vivía en Ivrea, pero solía ir de visita a Turín– decía que había que dejarla ir y volver sola ya que la escuela quedaba cerca y que Natalia, la benjamina, era muy malcriada por su madre y parecía muy poco independiente y una verdadera "calamidad". "Yo era 'una calamidad' por varios motivos. No sabía vestirme sola ni atarme los cordones; no sabía hacer mi cama ni encender el gas; no sabía tejer; además, era muy desordenada y dejaba mis cosas en cualquier lado". "Como si tuvieras veinte sirvientes", la retaba su madre, pero en vano: lo único que Natalia no dejaba tirado por ahí era el cuaderno en el que escribía sus poemas y que llevaba siempre consigo.

"Pobre de ti si la mandas sola a la escuela", amenazaba el padre a la madre. "Pero no, Beppino" –respondía Lidia–, "la acompañará la empleada". Natalia los miraba con "una ancha sonrisa falsa" y temblaba; se daba cuenta de que su madre no decía la verdad. "Sabía que cada tanto le mentían a mi padre... esas mentiras servían para darnos un poco de aire a todos, para resguardarnos de sus múltiples órdenes y prohibiciones. Pero me había dado cuenta de que las mentiras de mis hermanos a mi padre tenían cierta probabilidad de duración; las de mi madre sufrían de una debilidad intrínseca y se apagaban a los pocos días. En cuanto a mí, no le mentía, porque nunca tenía coraje ni para dirigirle la palabra".

Con su ingreso al Liceo Alfieri, la vida de Natalia cambió drásticamente. Se habían terminado las épocas de los largos baños calientes y de la lectura de novelas por la mañana, tirada en el suelo, mientras esperaba a la maestra. Cuando se despertaba, lo primero que hacía era asomarse por la ventana y mirar la hora en el gran reloj de la esquina, lavarse rápido en la jofaina de porcelana de su dormitorio, beber dos sorbos de café con leche, ponerse su abrigo corto, a cuadros verdes y negros, encima del delantal de alpaca –¡cuando las otras chicas llevaban delantales de satén!– y agarrar su portafolios. "¿Has tomado algo calentito?", exclamaba la madre desde la cama. Natalia la castigaba con su silencio y se iba sin darle un beso.

Desfile de organizaciones infantiles y juveniles fascistas: las Piccole Italiane y los Balilla.

En la escuela, los demás chicos no le prestaban atención y ella era la única en sentarse sola en un banco. Hasta ese momento, solo el profesor le había sonreído. Se avergonzaba de sus medias de algodón marrón y sus zapatos abotinados; y mientras escribía con un bolígrafo que le manchaba los dedos, por dentro iba enumerando las falencias de su casa que, aunque imperceptibles a primera vista, le pesaban: no había flores en el balcón, el empapelado en las paredes estaba roto… Se sentía excluida y "distinta", aprendía "poco y mal", le hubiese gustado ser católica para parecerse a los demás y llegó a desear ser parte de las Piccole Italiane –organización que encuadraba a niñas fascistas– porque a la tarde todas sus compañeras llegaban a las clases de gimnasia –que ella odiaba– "en uniforme": faldas negras plisadas y blusa blanca con el distintivo fascista. Distintivo que faltaba en la blusa de ella. "Yo, que toda mi vida había anhelado pelear contra el fascismo, ir por la ciudad con una bandera roja y cantar en las barricadas, cubierta de sangre, no había abandonado esos sueños; pero la idea de estar ahí, en el gimnasio, sin el distintivo, ante esa maestra de rostro huraño, me parecía una humillación muy triste".

También soñaba con tener la salud débil y enfermarse mucho. "Pero la fiebre solo me duraba un día; al día siguiente ya no tenía nada. Me tocaba regresar a la escuela y recomenzaba el suplicio de siempre: la calle neblinosa, la clase, la ansiedad, los deberes marcados con rojo y azul, el estrado, la barba de cabra [del profesor]. Soñaba con una neumonía. Y me decía que había caído bajo, que mi vida se había vuelto una miseria si todo lo que podía desear era la tregua que me daría una enfermedad".

Un día, en su caminata solitaria a la escuela, tuvo una experiencia traumática. Un desconocido "de bigotes blancos", que primero confundió con un colega de su padre, se le acercó y le habló, y ella se asustó terriblemente. No se animó a contárselo a la madre, que todos los días le recordaba que no debía hablar con extraños. Por orgullo, soledad y un "desprecio" obstinado hacia la madre, le parecía imposible admitir un error frente a ella o pedirle ayuda. Así, los "bigotes blancos" pasaron a ser el símbolo de todo lo desconocido y espantoso que se le acercaba en esta nueva etapa de la vida. "Los antiguos lugares festivos y felices de la infancia habían quedado sepultados y perdidos".

Turín en los años veinte. A modo ejemplificador,
el fascismo iba a rectificar calles y fachadas.

Su única alegría en los primeros años del secundario era escribir composiciones. La llamaron varias veces para leer sus textos en voz alta ante la clase. Fuera de eso, se hundía en la melancolía, dudaba de sí misma y del mundo, se mostraba altanera en casa y desganada en la escuela, "como un perro apaleado". Estudiaba de una clase para la otra y, si bien a la tarde repartía cuadernos y libros por el escritorio, se dedicaba a escribir novelas y poemas. O revolvía los estantes buscando los libros "indecentes" que le estaban prohibidos. "Los estantes estaban repletos, pero la gran mayoría eran libros de mi padre, o sea, libros de histología, biología y medicina. Me sentía una exiliada en esa casa, tan pobre en poesías y novelas". Si la madre entraba, Natalia apenas levantaba los ojos de su lectura, pero era infaltable que al salir exclamara: "¡Mamá, la puerta!".

Sentía cargo de conciencia por escribir en vez de estudiar, pero si no escribía sentía el doble de culpa y se repetía: debo escribir.

"¡Pero cuánto *pathos* judío sacó a relucir la chiquita!", les comentó un día la madre a sus hijos. Natalia la escuchó y sintió enfado, pero también alivio. "En las palabras '*pathos* judío' reconocí enseguida mi tristeza. Y pensé que si mi madre hablaba tranquilamente de ella en voz alta, significaba que quizá no era una enfermedad extraña que se había abatido sobre mi espíritu, sino algo más bien liviano, común y corriente". A eso de los doce años, decidió que quería ser judía y dejó de comer jamón, como había visto que hacía su abuela. Pero una semana más tarde, renunció.

De a poco se fue haciendo amiga de algunas compañeras de clase y empezó a divertirse escupiendo carozos de ciruela desde el balcón junto a la abanderada, que antes había parecido tan inalcanzable; a otra, que tenía un corte de pelo tipo paje, le mostró sus poemas. Un día tomó una tijera y, parándose frente al espejo, se cortó el pelo. La madre se espantó. Con la excusa de que a la chiquita le dolían los oídos, envolvió su cabeza en un pañuelo para que el padre no se diera cuenta y, subrepticiamente, la llevó al peluquero. De todos modos, cuando esa noche la vio Giuseppe, estalló de furia. Odiaba el pelo corto, no importaba si estaba bien o mal cortado.

Su enamoramiento de Lucio, un amiguito del jardín de infantes que también iba con ella al instituto, "había muerto". Alcanzada la pubertad, cuando se imaginaba "a la persona adecuada", que tal vez ya la estaba esperando a la vuelta de la esquina, pensaba en "una figura erguida con verdadera ropa de hombre, con saco y corbata; un rostro pálido, indiferente e irónico... hombros anchos, muchos cigarrillos fumados en silencio, una cabeza misteriosa y displicente".

A los trece, cayó en sus manos la primera novela del joven Moravia, *Los indiferentes*; la devoró con avidez y, por supuesto, en secreto. "Me pareció que en el mundo a mi alrededor –un mundo que me resultaba muerto y embalsamado– de pronto irrumpía la vida. El mundo a mi alrededor era la Italia fascista, en la que lo verdadero parecía velado y remoto, inasible como un espectro; buscarlo y tocarlo parecía una tarea desesperada.

Leí y releí *Los indiferentes* una y otra vez, con el objetivo preciso de aprender a escribir. La enseñanza que quería recibir era la capacidad de moverme en un mundo petrificado, y Moravia me pareció la primera persona que se había puesto de pie y caminado con rumbo exacto hacia lo verdadero".

Pero por encima de todos, veneraba a Chéjov. Admiraba su "forma extraordinaria de entrar en una historia, una forma directa y liviana, rapidísima y apremiante, como alguien que de pronto abre de par en par una ventana o una puerta para mostrarle al lector los rasgos de una figura humana o de un grupo de figuras humanas, volver audible el sonido de sus voces, sugerir sus diferentes estados de ánimo –servilismo o rígida dignidad, paciencia o prepotencia– y luego cierra esa puerta o ventana con la misma rapidez ante el lector absorto, entretenido o asombrado... Se veía el movimiento y el pulular de una multitud de gentes, amos y siervos, con su carga de excesos y miserias, y en el plan cómico se colaba un leve escalofrío".

De pronto, no sintió más ganas de escribir poemas. Según lo que leía, le iban saliendo a la manera melancólica de Giovanni Pascoli, Guido Gozzano o Sergio Corazzini, y al final, cuando descubrió a D'Annunzio, también con su influencia. Si bien los consideraba "casi perfectos", le parecía que ya había gastado todos los temas posibles, todas las rimas existentes. Y cuando, excepcionalmente, decidía mostrar algún poema a sus hermanos, estos solo reían y le aconsejaban que dedicara más tiempo a la escuela. Ella, en cambio, leía la *Estética como ciencia de la expresión y lingüística general* de Benedetto Croce, porque había oído que era el intelectual y pensador más destacado de Italia y buscaba una opinión profesional. Así fue como un día, sin contarle nada a nadie, metió una selección de textos en un sobre y lo envió a: Benedetto Croce, Nápoles. La carta llegó a destino. Un tiempo después, cuando volvió del colegio un mediodía, su madre le dijo: "¿Cómo se te ocurrió escribirle a Benedetto Croce?". Como solía abrir el correo de Natalia, había leído la respuesta amable pero clara del filósofo: Natalia aún era joven, para la verdadera poesía hacía falta ser adulto...

Natalia a sus quince años.

Lo que quería escribir entonces eran cuentos, narraciones. En el cuaderno que llevaba siempre encima apuntaba observaciones, imágenes, frases bonitas que quería usar. Todo el tiempo había retazos de historias dando vueltas por su cabeza, pero por lo general no pasaba de poner dos o tres líneas en el papel.

En la escuela le seguía yendo mal y en el último año suspendió latín, griego y matemática. Se sintió humillada y lloró mucho cuando se enteró, aunque en su casa no hicieron gran escándalo al enterarse: al padre no le parecía grave que sus hijas –que de todos modos iban a casarse– no mostraran tanto interés en el estudio.

Unos días después de la "catástrofe", entrada la noche, seguía sentada frente a su escritorio, con la ventana abierta; alrededor de la lámpara revoloteaban mariposas nocturnas. Hacía mucho calor. Natalia escribía y escribía, sobre papel cuadriculado, casi en automático: "Un relato breve, de cinco o seis carillas. Salió de mí como por milagro, en una noche, y cuando finalmente me fui a dormir estaba cansada, aturdida y sorprendida". Era su primera "cosa seria"; los juegos de antes habían terminado. "Escribí un cuento 'para adultos'" –pensó, feliz como nunca antes–, "tal vez soy un *enfant prodige*". Se guardó esta reflexión para sí. Sin embargo, después de "Una ausencia" el fracaso escolar le pareció menos vergonzoso. "Sentía que podía escribir millones de cuentos".

Acababa de cumplir diecisiete. Uno de sus hermanos le dijo: "Dame tu cuento, se lo voy a mostrar a Benedetto Croce que está acá al lado, en la sala". Natalia se lo dio. Sabía que era una broma y esperó un rato. Cuando por fin fue a la sala para escuchar el veredicto, obviamente no encontró al filósofo. En cambio, vio allí a un amigo del hermano, "una cabeza burlona y misteriosa": Leone Ginzburg.

La persona adecuada
1933-1935

"Tu cuento me gusta" –dijo "el Ruso", de quien Natalia solo sabía que era muy amigo de Mario–. "Lo voy a enviar a *Solaria*".

Siete años mayor que Natalia, Leone empezó a visitarla más seguido; deambulaban tardes enteras por los barrios industriales de la periferia de la ciudad. Cuando llegó el rechazo de la revista literaria, junto con la observación de que la autora era demasiado joven y era imposible saber si realmente seguiría escribiendo, Leone envió un cuento nuevo, "Los niños", que sí fue publicado.

Pasaron semanas y meses juntos, aunque al principio Natalia se resistía a aceptar que había encontrado a "la persona adecuada". "La tierra, el cielo no cambiaron... No hay fuego a nuestro alrededor". Pero poco a poco no pudo dejar de admitir lo especial y profundo que resultaba ese contacto: "Nos damos cuenta de que nunca antes habíamos tenido una relación así con un ser humano; después de un tiempo, todos los seres humanos nos parecían tan inofensivos, tan sencillos y pequeños; esta persona, mientras camina a nuestro lado, con su perfil serio y su paso totalmente distinto al nuestro, posee una capacidad infinita de hacernos todo el bien y todo el mal. Y, sin embargo, estamos infinitamente tranquilos".

* * *

Leone Ginzburg, cuya presencia logró alisar la frente "fruncida y sombría durante años" de Natalia, había nacido el 9 de abril de 1909 en Odessa. Su familia era de origen judío. Desde pequeño pasaba el verano en Viareggio con su madre, su hermana y su hermano. En 1914, con el inicio de la Primera Guerra Mundial y en vista de lo peligroso del viaje de regreso a Ucrania, Vera Ginzburg dejó a su hijo menor con Maria Segre, la gobernanta, que lo cuidó como una segunda madre. Leone fue a la primaria en Viareggio y muy pronto hablaba italiano tan bien como ruso.

Leone Ginzburg.

A fines de 1919 los Ginzburg abandonaron Rusia y se mudaron a Turín, donde Leone ingresó al Liceo Gioberti. En marzo de 1921, toda la familia se fue a Berlín. El padre, Teodoro Ginzburg, trabajaba allí, y durante dos años Leone asistió a la escuela rusa de esa ciudad. El verano lo seguía pasando en casa de la "tía Maria", en Viareggio. En otoño de 1923, la familia –menos el padre– regresó definitivamente a Turín. Leone ingresó al legendario Liceo Classico Massimo d'Azeglio donde, entre otros, conoció a los hermanos de Natalia, a Cesare Pavese, Giulio Einaudi, Norberto Bobbio y Vittorio Foa. "Ese liceo" –según Foa– "era una buena escuela para la futura clase dirigente burguesa. La enseñanza no iba contra el fascismo; iba más allá del fascismo. De nuestros profesores, el más célebre, Augusto Monti, era un antifascista convencido y, más tarde, en 1936, fue condenado por el Tribunal Especial. En clase jamás mencionó la palabra 'libertad', pero nos leía a Dante, Boccaccio y Ariosto de tal manera que nos quedaba claro que el arte era un valor que no debía ser manchado con las contingencias económicas o políticas". Monti también era el responsable de la biblioteca y eligió a Leone, cuyas aptitudes intelectuales descubrió enseguida, como su asistente.

"Leone era una aparición fuera de lo común. Más allá de su origen, nos impresionó también con su apariencia y su cultura, indicios de una madurez precoz" –así lo define un compañero, Norberto Bobbio, que además recuerda las largas tardes de estudio en la casa de Leone en via Vico–: "Nos reuníamos en la habitación de Leone; el escritorio con su paño verde, en la biblioteca predominaban la literatura rusa y la obra de Croce, maestro de libertad, líder de la resistencia cultural contra el fascismo. La madre, la señora Vera, nos traía té. Allí, entre esas paredes, se plasmó nuestra educación política, cultural, moral, allí mil y una veces hicimos y deshicimos la historia. Desde luego, tampoco faltaban cuestiones fuera de programa, recreos, horas de diversión".

Leone, con su pelo negro y rebelde cortado al cepillo, sus cejas abundantes y una barba ya tupida, era un huésped apreciado en los salones mundanos de Turín. Más allá de un leve tartamudeo, era ingenioso y brillante. "Era carnaval. Algunos de nosotros habíamos sido invitados a un baile de disfraces en lo de Paola y Carla Malvano" –sigue recordando Vittorio Foa–. "A Leone se le ocurrió esta idea: 'Mañana, hagámosle una buena broma al profesor Monti: vayamos todos disfrazados'. La idea nos gustó y así fuimos. Monti abrió la puerta unos centímetros, nos miró y nos echó. '¡En un día como hoy andan por ahí haciéndose los payasos!'. Era el 11 de febrero de 1929, el día del Concordato. Nos quedamos mal, sobre todo Leone, que se había disfrazado de mago, con una larga capa violeta cubierta de perlas y un sombrero puntiagudo". El atuendo le iba bien, ya que cuando ponía en juego sus saberes, su autoridad natural y su carisma, nadie podía negarle algo. Ni siquiera Benedetto Croce que, después de un breve período de duda, se había vuelto el guía de los intelectuales antifascistas y a quien Leone solía tomar del brazo cuando se lo cruzaba en el Corso, hablándole intensamente mientras iban y venían, hasta que Croce terminaba asintiendo con la cabeza. Tampoco Luigi Einaudi, padre del editor Giulio Einaudi, un economista destacado que después de la guerra fue presidente de la república de Italia.

Benedetto Croce.

Al terminar el instituto, Leone se inscribió en la facultad de Derecho, pero no tardó en pasarse a Letras. Los amigos del Massimo d'Azeglio se reunían una vez por semana con el profesor Monti en el Caffè Rattazzi, donde discutían sobre política, actualidad, literatura y música. Al cumplir la mayoría de edad, Leone solicitó la ciudadanía italiana. Mientras esperaba la resolución, se abstuvo de cualquier participación activa en política, a pesar de que siempre había sido un antifascista convencido. Dedicó ese tiempo al estudio, trabajó en su traducción de *Anna Karénina,* escribió reseñas de literatura rusa y francesa para la revista *La Critica* y –con veintidós años– artículos para una revista de música en la que defendía la libertad del intérprete respecto de las partituras originales. La libertad le resultaba el valor más preciado. Recién en 1931, después de obtener la ciudadanía italiana, comenzó a actuar en política.

"Había adoptado la tradición italiana como base para su antifascismo" –escribe Foa–. "Necesitaba conquistar una identidad nacional y, dentro de esa identidad, legitimar su antifascismo. Era una cuestión moral consigo mismo; no necesitaba legitimación externa. A mi entender, Leone Ginzburg tal vez sentía o presentía algo más, esto es, que obtener una identidad nacional era una condición indispensable para poder actuar en política".

En la primavera de 1932, después de graduarse con una tesis sobre Maupassant y gracias a una beca de investigación, viajó a París, donde se volvió a encontrar con Benedetto Croce y se puso en contacto con los antifascistas italianos que vivían allí, en el exilio. Conversó mucho con Carlo Rosselli, que había fundado el movimiento clandestino Giustizia e Libertà junto con Emilio Lussu y Fausto Nitti. Lo convenció la idea de crear una organización que no fuera un partido sino que estuviera abierta a todas las fuerzas democráticas que quisieran luchar juntas contra el fascismo. En el verano, de regreso en Turín, creó el brazo local de Giustizia e Libertà, al que pronto ingresaron el hermano de Natalia, Mario, así como Vittorio Foa y Sion Segre.

"¿Por qué anda Mario con ese Ginzburg?" –le preguntó el padre a la madre un día que se cruzaron a los dos en el Corso–. "¿Qué diablos tendrán para decirse?". Nadie en la familia sospechaba que Mario tenía una participación activa en la clandestinidad antifascista. "Mi padre no creía que todavía hubiese conspiradores en Italia. Pensaba que él era uno de los pocos antifascistas que habían quedado en el país".

"Es sumamente culto, sumamente inteligente" –respondió la madre–. "Traduce del ruso y logra versiones hermosísimas". Ella había empezado a aprender ruso y, junto con su amiga Frances, tomaba clases con Marussia, la hermana de Ginzburg. "Pero es feo" –objetó el padre–. "Los judíos son todos feos, eso se sabe". "¿Y tú?" –preguntó la madre–. "¿Tú no eres judío?". "En efecto, yo también soy feo", dijo el padre.

A fines de 1932, Leone Ginzburg obtuvo un puesto como docente en la Universidad de Torino, para dictar una cátedra libre de literatura rusa. Pero lo perdió en 1934 porque –al igual que el padre de Natalia– se negó a prestar el juramento oficial de fidelidad fascista. "Excelentísimo Profesor" –escribió el 8 de enero de 1934 al decano de la facultad–: "como Usted bien sabe, de un tiempo a esta parte renuncié a seguir una carrera universitaria y deseo que a mi tarea docente no se impongan otros condicionamientos que los técnicos o científicos. Por lo tanto, no tengo intención de prestar el juramento antes mencionado".

* * *

Mientras tanto, Mario había empezado a trabajar en la Olivetti, como su hermano mayor, Gino. Vivía en una habitación alquilada, compartía las noches con Gino y, cada tanto, pasaba algún sábado en su casa. "Hoy viene mi Mariolino" –se alegraba la madre, aunque él solo se sentaba un rato breve en la sala con ella y Natalia; enseguida iba hasta el teléfono y, con voz baja y gesto decidido, hacía unos acuerdos misteriosos y desaparecía hasta la hora de la cena. En el verano dejó de ir con la familia a la montaña. Sin embargo, viajaba seguido a Suiza. Paola dijo que tenía una novia allí.

Alberto, en cambio, había regresado del internado y, para sorpresa de toda la familia, había obtenido notas excelentes y para entonces estudiaba Medicina en Turín. "De pronto, mi padre lo tuvo sentado ante él en el aula de anatomía y eso no le gustó nada. Una vez, cuando el aula estaba oscura porque estaba proyectando unas diapositivas, vio en la oscuridad un cigarrillo encendido. '¿Quién está fumando?', aulló. '¿Quién es el hijo de cerdo que empezó a fumar?'. 'Soy yo, papá', respondió la bien conocida voz desenfadada, y todos se rieron". La relación entre Alberto y Mario seguía siendo fría. Pero la novedad era que Mario conocía a Vittorio Foa, el mejor amigo de su hermano, y cuando Mario y Alberto se cruzaban en el Corso con Leone Ginzburg y Vittorio, Mario a veces los invitaba a tomar el té a la casa. La madre se alegraba: los jóvenes le caían bien y ella no compartía el escepticismo de su marido. Le gustaba recibir visitas y ver juntos a Mario y Alberto. Desde que los tres hijos mayores se habían ido de la casa, solía sentirse sola. Su marido estaba poseído por una pasión total por su trabajo; Alberto estudiaba y como "amigo y confidente de conspiradores" estaba poco en casa; mientras que Natalia solo pensaba en sus cuentos y en Leone. Es verdad que los sábados llegaba Mario y que Paola también los visitaba seguido, pero ya no era como antes. Cierto desánimo se había abatido sobre Lidia y Giuseppe. "Muchos amigos de mis padres se habían vuelto fascistas o, por lo menos, no eran antifascistas tan abiertos y declarados como mis padres querían". A veces, en las noches, visitaban a Paola Lombroso Carrara, una amiga de Lidia que, igual que ella, había sido amiga de Anna Kuliscioff, la compañera de Filippo Turati. En su salón conocieron al historiador, periodista y escritor Luigi Salvatorelli. "Esta noche vamos a lo de los Carrara" −anunciaba el padre−. "Salvatorelli también va". "¡Qué maravilla!" −contestaba la madre−. "Me intriga mucho oír qué dice Salvatorelli".

Y a la mañana siguiente, renovada por esa "bocanada de aire fresco", tiraba un solitario para ver si ya era hora de que el fascismo empezara a ceder. No era supersticiosa, lo hacía para divertirse; del mismo modo, le gustaba hablar con su yerno Adriano sobre quiromancia y otras cuestiones del ocultismo. Después se iba de compras y al regresar le decía a Giuseppe: "El descontento es enorme. La gente ya no puede más". "¿Quién te lo dijo?", gritaba él. "Mi verdulero", era la respuesta, y Giuseppe resoplaba con desdén. En su opinión, no había nada que hacer contra el fascismo.

Un sábado de marzo de 1934 esperaron en vano que llegara Mario. "¿Dónde se habrá metido?", se preguntaba la madre. Tampoco supieron nada el domingo. El lunes temprano sonó el timbre. En la puerta estaban Gino y Paola: "Arrestaron a Mario en la frontera suiza" –informaron–, "en Ponte Tresa". Entraron de inmediato a su dormitorio para buscar en los cajones folletos prohibidos, pero solo encontraron sus camisas.

"Ese día mi padre no estaba en Turín; llegó a la mañana siguiente. Mi madre no tuvo ni tiempo de contarle lo que había pasado antes de que la casa se llenara de policías, que habían llegado para hacer una inspección general. No encontraron nada". Natalia, que miraba todo muerta de miedo, fue autorizada a ir al colegio. Lidia lloraba, pero Giuseppe tuvo que acompañar a los policías a la jefatura de policía. A la noche no volvió. "Así supimos que lo habían metido en la cárcel". Gino fue detenido en Ivrea y trasladado a Turín.

Vittorio Foa también había esperado todo el día a Mario y a su amigo Sion Segre, quienes iban a llevarle materiales políticos. A medianoche se había citado con Leone y le dijo: "No vinieron". Ginzburg respondió: "¡Los agarraron!". Se quedaron callados. Cinco horas más tarde también detuvieron a Leone.

"Entonces llegó Adriano para contarnos –con la cara asustada y feliz que tenía en esos días de peligro– que al cruzar la frontera en Ponte Tresa con el auto, Mario y su amigo habían sido detenidos por gendarmes que buscaban cigarrillos. Revisaron el auto y encontraron folletos antifascistas". Camino a la comisaría, "Mario se había zafado, se había tirado al río con toda la ropa puesta y había nadado hasta la frontera suiza. En el último tramo, se le acercaron unos suizos en un bote. Mario estaba en Suiza, a salvo". Pero Sion Segre estaba preso, igual que muchos otros antifascistas del grupo de Turín. El grupo Giustizia e Libertà, que hasta el momento se había podido mover sin grandes dificultades gracias a su estructura ágil, había sufrido una herida profunda.

La madre de Natalia se dirigió al escritor Pitigrilli, familiar de Sion Segre –y de quien aún nadie sospechaba que era espía–, para preguntarle si podía ayudar a su marido encarcelado. "Pitigrilli vino a nuestra casa. Era alto, gordo, con patillas largas y agrisadas, y usaba un abrigo grueso y claro que no se quitaba. Nos explicó todo: los alimentos que podíamos enviar a los reclusos algunos días de la semana, y que había que abrir las nueces, pelar las manzanas y las naranjas y cortar el pan en rodajas delgadas en casa, ya que en la cárcel no se podía tener cuchillos".

La madre llevaba ropa limpia y provisiones a la cárcel y después a las oficinas de la dirección de policía. "Quédese tranquila, señora, no hay nada en contra del señor profesor", le dijeron. Pero Giuseppe no regresaba. En el diario salió un artículo con el titular: "Se descubre en Turín grupo antifascista en complicidad con los exiliados de París". Lidia se asustó mucho.

Y Natalia se preocupaba por Leone. No había estado muy al tanto de sus actividades clandestinas. Cuando era niña, había sentido miedo de los fascistas, "de sus camisas negras… sus camiones… la Cámara del Trabajo incendiada, un sombrero de hombre cubierto de polvo y manchado de sangre" que una vez había visto tirado junto a una bicicleta retorcida al borde de la calle. Con los años, había ido arrinconando el miedo, que en ese momento volvía a despertar.

Lidia fue con Adriano a Roma para pedir por su marido. También intentó contactar a una prima de Giuseppe, Margherita Sarfatti, que era amiga de Mussolini e incluso había escrito su biografía, pero no consiguió dar con ella.

Giuseppe Levi estuvo preso unos veinte días. "Después, una noche, mi padre volvió a casa. No tenía corbata ni cordones en los zapatos, porque se los habían quitado en la cárcel. Traía un atado de ropa sucia bajo el brazo, envuelto en papel de diario. Tenía la barba larga y estaba muy satisfecho por sus días en prisión". Gino, en cambio, recién fue liberado dos meses más tarde.

Leone Ginzburg fue sentenciado a cuatro años por el Tribunal Especial. Natalia le escribía en secreto y firmaba como "Giulietta". Él respondía con cartas maravillosas. Dos años después, una amnistía lo puso en libertad.

El lenguaje familiar adoptó nuevas palabras: "No podemos invitar a Salvatorelli. ¡Nos compromete!". O: "¡No podemos tener este libro en casa! ¡Puede haber una requisa policial". Lidia tuvo que suspender sus clases de ruso con la hermana de Leone. Los Levi estaban bajo vigilancia.

En mayo de 1935 hubo una nueva ola de arrestos. El timbre volvió a sonar temprano, cerca de las 6 de la mañana: policía. Se llevaron a Alberto, que, una vez cumplido su servicio militar, estaba otra vez viviendo en la casa y había regresado a sus actividades políticas clandestinas. De nuevo, la madre llevaba ropa y comida a la cárcel, tanto como se lo permitían.

Fue apresado el pintor Carlo Levi, amigo de los hermanos de Natalia y, para ella, un "preciado hermano"; más tarde, en el confinamiento, escribiría el famoso libro *Cristo se detuvo en Eboli*. Natalia lo había visitado a menudo en su taller. Mientras ella lo miraba pintar, conversaban sobre sus cuentos y una vez él le dijo: "Corres el riesgo de escribir de casualidad". Ella había reflexionado mucho sobre ese comentario y comprendió que, al escribir, "hay que sacar las cosas que uno lleva dentro". En la misma época, el escritor Mario Soldati leyó sus cuentos y le mandó un telegrama –¡el primero de su vida!–: "Sus cuentos son maravillosos, ¡felicitaciones!".

También encarcelaron a Vittorio Foa, cuyas conversaciones telefónicas con Alberto habían sido vigiladas; a Giulio Einaudi y Cesare Pavese, que publicaban la revista *La Cultura*, y a muchos otros.

"En el vagón celular del tren que nos llevó a Roma estaba reunido todo el socialismo liberal de Turín", escribió Foa. "Debíamos las detenciones a un provocador infiltrado en nuestras filas. Era un escritor conocido, de familia judía, primo de mi amigo Sion Segre, que en esa época estaba preso. Con la excusa de ayudar a su primo, el espía se presentó en París y se integró al movimiento. Su seudónimo era Pitigrilli; su verdadero nombre, Dino Segre. Recibía un salario generoso de la OVRA, el servicio secreto fascista; trabajaba con una precisión notable y todo el tiempo exigía más dinero al gobierno. Después de la Liberación, publicamos sus cartas a la OVRA con todas sus delaciones".

Alberto fue desterrado a un pueblo llamado Ferrandina, en Lucania. A su regreso, hizo los últimos exámenes, se casó con su gran amor, Miranda, y se instaló como médico. Michele Giua –profesor de química, colega y amigo del padre de Natalia– y Vittorio Foa fueron a juicio y los sentenciaron a quince años cada uno. Mario había viajado de Suiza a París y enviaba cartas cortas, escuetas. Siguió colaborando un tiempo más con Giustizia e Libertà, pero terminó peleándose con el grupo. Sus padres lo fueron a visitar; también Paola, pero ya no tenían nada para decirse.

Paola volvió a Turín, a una casa en las colinas. Se quejaba con Natalia: "¡Nuestra mamá es demasiado joven! En cambio, ¡me gustaría tener una madre vieja y gorda, con pelo blanco! Una que se la pase en casa, que borde las toallas... y no se ponga tan celosa de mis amigas". Pero Lidia no estaba hecha para bordar; era una mujer activa, le encantaba ir al cine y estar en sociedad, y había retomado por su cuenta los estudios de ruso.

Natalia se estaba preparando para los exámenes del bachillerato, que rindió en el verano de 1935, y se anotó en la carrera de Letras en la Universidad de Turín. En otoño, junto con su madre, visitó a Mario, que trabajaba como docente en Clermont-Ferrand. "¡Qué francés se volvió Mario!", observó la madre. Para entonces, él miraba con desprecio todo lo italiano.

* * *

"Al final del invierno" –en marzo de 1936–, "Leone Ginzburg regresó a Turín desde la penitenciaría de Civitavecchia, donde había cumplido su pena. Llevaba un abrigo demasiado corto, un sombrero abollado que caía torcido sobre su cabello negro. Caminaba despacio, con las manos en los bolsillos, y escrutaba a su alrededor con sus ojos negros y penetrantes, los labios apretados, la frente arrugada, las gafas de carey un poco bajos sobre su gran nariz".

Parte del grupo inicial de la editorial Einaudi: Cesare Pavese, Leone Ginzburg, Franco Antonicelli y Carlo Frassinelli, 1932.

Seguía bajo vigilancia; no podía salir luego del anochecer. La policía tocaba el timbre todos los días en el departamento cerca de corso Francia, donde vivía con su madre y su hermana, para controlar que realmente estuviera en su casa. Con Natalia debía encontrarse en cafés o para pasear. Visitarla en su casa habría sido demasiado arriesgado.

Como para entonces era considerado un conspirador peligroso, ya no lo invitaban a los salones de moda en Turín que antes le habían gustado tanto. "Le daba igual; parecía que había olvidado por completo esos salones". Su verdadera pasión era la política.

De noche lo visitaba Pavese, que había vuelto de su breve deportación, pero no para hablar de política: "¡Me importa un cuerno la política!". No sabía cómo pasar las noches y no soportaba estar solo. Fumaba su pipa en silencio y contaba cosas de sí mismo, su melancolía, sus desilusiones amorosas. "La capacidad de Leone para escuchar era inconmensurable e infinita; sabía cómo prestar profunda atención a los asuntos de los demás, incluso cuando estaba hundido en pensamientos sobre sí mismo".

* * *

Leone volvió a trabajar con Giulio Einaudi en la editorial, que había sido registrada en la Cámara de Comercio ya en noviembre de 1933. En su sede, dos habitaciones en el tercer piso de una casa en Via Arcivescovado 7, también funcionaba *L'Ordine Nuovo* de Antonio Gramsci. La primera colección llevaba el título programático "Problemi contemporanei" y, en 1934, incluyó nueve libros; entre ellos, textos estadounidenses, rusos e ingleses, todos de temas económicos. A lo largo de los años siguientes, para ampliar el plan editorial, Leone Ginzburg fue proponiendo la colaboración de intelectuales agudos como Augusto Monti, Cesare Pavese, Ludovico Geymonat, Massimo Mila, Franco Antonicelli, Felice Balbo, Arrigo Cajumi y Carlo Levi, que generaron discusiones profundas, críticas y atentas —en una oposición cada vez menos disimulada hacia la dictadura— sobre todos los problemas de la cultura, la sociedad y la vida cotidiana.

Pasada la ola de detenciones, además de Giulio y Leone, los únicos colaboradores fijos eran el responsable del depósito y una secretaria. Intentaron convencer a Cesare Pavese, que trabajaba como docente auxiliar en un colegio secundario, escribía poemas y traducía a escritores estadounidenses, para que se sumara al equipo. Se hizo rogar, pero cuando finalmente aceptó se convirtió en un "empleado puntilloso y responsable, que discutía con los otros dos porque llegaban cerca del mediodía y ya se iban a almorzar a las tres de la tarde".

Por iniciativa de Leone, pronto surgieron dos colecciones más: la "Biblioteca di cultura storica", en la que también fueron publicados los libros de Salvatorelli, y "Narratori stranieri tradotti", una serie que reunía a escritores extranjeros modernos, a la que Pavese contribuyó con la *Autobiografía de Alice B. Toklas* de Gertrude Stein.

* * *

Natalia tenía tres amigas judías con las que compartía el curso. "Pero estudiábamos sin plan y sin empeño". Leone y ella habían decidido casarse. Cuando el padre se enteró, sufrió el habitual ataque de furia. "¡No tiene una posición asegurada!", gritó. Tenía razón. En cualquier momento, Leone podía volver a ser detenido, encarcelado o deportado bajo cualquier excusa. "Pero cuando el fascismo termine" –decía la madre–, "será un gran político. ¡Y la editorial en la que trabaja hierve de ideas! ¡Publican los libros de Salvatorelli!". Eso lo calmó.

Medio año antes del casamiento –el 12 de febrero de 1938–, Benedetto Croce ya se preguntaba por el regalo de bodas. En una carta del 30 de junio de 1937 al editor Giovanni Laterza, escribió: "Estimado amigo, le pedí a [mi hija] Elena que, a cargo mío, comprara el regalo para la inminente boda de Ginzburg. Dada la familiaridad de Elena con Ginzburg, le preguntó directamente qué deseaba. Él le pidió un conjunto de libros nuevos. Le paso la lista, para que se los manden. Y debo pagarle al menos una parte, porque ¡de otro modo, el regalo no lo haría yo, sino usted! Y yo estaría forzado a hacer otro".

Natalia, en la época en que conoció a Leone.

De su amigo Santorre Debenedetti, filólogo, Natalia recibió *À la recherche du temps perdu* de Marcel Proust, en una valiosa edición francesa de 1929: 16 tomos encuadernados en rojo con cantos dorados.

"Leone y yo nos casamos y fuimos a vivir a la casa de via Pallamaglio". Los padres habían dejado esa vivienda un tiempo antes y, para alegría de la madre, se habían vuelto a mudar a un departamento en planta baja. Leone, siete años mayor y de carácter equilibrado, estaba fascinado por su mujer joven, tímida e impulsiva, que llevaba el cabello corto y partido al medio, las cejas prolijamente depiladas y la boca apenas maquillada, cuya cabeza era un remolino de ideas para narraciones. "Me casé con ella, escribe lindos cuentos", le dijo a Giulio Einaudi. A veces, como su padre, Natalia podía tener fuertes e imprevisibles ataques de ira; se seguía preguntando si Leone era realmente "la persona adecuada". Pero "la persona adecuada" ya no le interesaba; solo tenía ojos para Leone. "Cada tanto, entre esa persona y nosotros estallan violentas diferencias de opinión, pero no logran romper la paz infinita que hay en nosotros. Ya no sentimos deseo de estar con amigos, porque le contamos todos nuestros pensamientos a la persona que vive con nosotros, mientras cenamos una sopa en la mesa iluminada. Contar algo a los demás –nos parece– ya no tiene sentido... De esa persona sola podemos esperar todo lo que nuestro corazón necesita".

Natalia se encontró frente a tareas totalmente nuevas. No tenía idea de cómo llevar una casa; no se atrevía a darle órdenes a su empleada, Martina (precisamente ella que –en ese momento se daba cuenta–, de niña, en casa de sus padres, había expresado su voluntad todo el tiempo y sin consideración alguna); cuando hacía las compras, todo le resultaba barato, y después se sorprendía porque el exiguo salario que Leone recibía de la editorial no alcanzaba hasta fin de mes. Comenzó a percibir "detrás de las cosas la presencia del dinero como una complicación agobiante y trabajosa" que quién sabía a dónde llevaría. "Así y todo, cuando tenía plata en la mano, era incapaz de no gastarla de inmediato, para arrepentirme al minuto".

Se alegraba cuando alguien los invitaba a cenar y no hacía falta que cocinara, sino que "de vez en cuando podía comer platos imprevistos" que no había "pensado, comprado ni visto en la olla".

En el fondo, ni él ni yo queríamos irnos de Italia
1936-1944

En la segunda mitad de 1938 comenzó a implementarse lo que se conoce como "leyes raciales" del régimen fascista. Hasta ese momento, los judíos (en su mayor parte, asimilados) habían vivido relativamente tranquilos, e incluso se habían refugiado en Italia judíos de otros países. Ese año, la administración central en Roma exigió a las comunas que entregaran listas con los judíos afincados en cada lugar. Sin embargo, los municipios respondieron a desgano o directamente no lo hicieron. Además, al no ser religiosos, muchos judíos no pertenecían a sus colectividades y por lo tanto no estaban registrados como tales. Así y todo, los niños judíos fueron excluidos de las escuelas públicas y se prohibió la matriculación de estudiantes universitarios nuevos, aunque aquellos que estaban por rendir el examen final pudieron hacerlo. Se lanzó una campaña masiva de odio en los diarios y en la radio, y los judíos fueron expulsados de todos los puestos públicos y económicos importantes.

A Leone y Natalia les quitaron los pasaportes; Leone perdió su ciudadanía italiana y quedó apátrida. En Turín había un grupo de judíos sionistas y muchos de ellos dejaron el país o se prepararon para la emigración. El hermano de Leone, Nicola, emigró a los Estados Unidos junto con su mujer. "¡Si tuviésemos un pasaporte Nansen!", decía Natalia. Con ese documento, válido para refugiados sin nacionalidad, podrían haber emigrado. "No quiero volverme un emigrante", respondió Leone. Había rechazado un ofrecimiento para trabajar con Giustizia e Libertà en París. En el fondo, ni él ni Natalia querían abandonar Italia. Palestina no era un destino deseable para ellos. Leone no era sionista. Consideraba que los judíos debían asimilarse y temía que el sionismo desembocara en un imperialismo.

Cuando Turín recibía visitas de alto rango –por ejemplo, el rey–, Leone, por ser un antifascista conocido, era puesto en prisión preventiva por un par de días. "¡Rey granuja! ¡Que se quede un rato en su casa!", refunfuñaba la madre de Natalia, preocupada por su hija.

Giuseppe Levi, con casi setenta años, perdió su cargo como profesor y aceptó la invitación de un instituto de la Universidad de Lieja, donde pudo seguir investigando. Con energía inquebrantable, enseguida puso en pie un pequeño laboratorio con sus cultivos de células. Lidia lo acompañó, pero regresó a los pocos meses. Bélgica y sus lluvias no eran para ella.

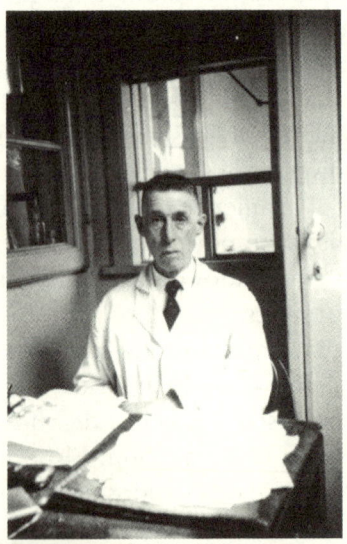

El padre, Giuseppe Levi.

* * *

El 15 de abril de 1939 nació el primer hijo de Natalia: Carlo. Antes, en sus recorridos solitarios por los suburbios, había sentido lástima por las familias que paseaban con cochecitos para bebés. "Ahora somos una de esas familias, caminamos lentamente por las callejuelas, empujando un coche: no estamos tristes, sino que quizá hasta seamos felices, pero es una felicidad que, en nuestro pánico por perderla definitivamente de un momento a otro, nos cuesta reconocer". La nueva experiencia resultó abrumadora para ella. Todo lo demás (la escritura, los amigos) se volvió insignificante. Lo importante era si se podía salir con el niño, si estaba bien tapado, si tenía hambre, si sonreía. "¿No tendremos lluvia?".

Un año más tarde, el 9 de abril de 1940, llegó su segundo hijo, Andrea. "Amamos a nuestros hijos de un modo tan doloroso, con tanto temor, que nos parece nunca haber tenido otro prójimo, ni poderlo tener nunca. Todavía no estamos acostumbrados a la presencia de nuestros hijos sobre la tierra: todavía estamos sorprendidos y abrumados por su aparición en nuestra vida". Si, a pesar de todo, se descubría sintiendo nostalgia por la escritura, se sentía culpable. Su madre, que amaba a los niños pequeños por sobre cualquier cosa en el mundo, se mudó con ella, la ayudó y estaba maravillada: "Me gustan los dos, no sabría con cuál quedarme". Como si esa hubiese sido una opción. Al ver lo exigida que estaba Natalia, hizo venir una niñera de la Toscana. Pero esa mujer grandota, con faldas acampanadas, delantales bordados y mangas abullonadas, más bien la intimidaba. No duró mucho. Los alemanes habían invadido Bélgica y todos temían por Giuseppe. El 10 de junio de 1940, Italia entró en la guerra. La niñera partió. "Pensábamos que la guerra enseguida afectaría y pondría de cabeza las vidas de todos. En cambio, muchas personas pasaron años en sus casas sin que nadie las molestara y haciendo lo que siempre habían hecho".

* * *

No fue el caso de Leone y Natalia. Ese mismo mes de junio, Leone fue desterrado a Pizzoli, un pueblito de montaña en los Abruzos. No podía abandonar el lugar sin permiso y debía presentarse todos los días en la comisaría. El confinamiento, una forma de castigo típico de la antigüedad, fue usado en la Italia fascista para anular a los enemigos del régimen y tenerlos bajo control en pueblos o islas alejadas, sin hacerse cargo de los costos de su manutención. Natalia siguió a su marido, con los niños, dos meses más tarde. Leone había alquilado una vivienda sobre la calle principal, que casi no tenía tráfico; eran dos habitaciones grandes con frescos en el cielorraso y una cocina con un fogón: hacía falta prender el fuego con carbón para poder cocinar. Vivieron tres años allí.

* * *

Era septiembre, el pueblo seguía cubierto de polvo y calor. A Natalia, que había crecido tan arropada, le costaba adaptarse a este mundo nuevo y desconocido, que nada tenía que ver con el entorno urbano y cómodo al que estaba acostumbrada. Odiaba sobre todo la cocina: el carbón nunca quería encenderse, solo llenaba el ambiente con humo.

Al principio, todas las caras le parecían iguales. De a poco, aprendió "a diferenciar a Vincenzina de Secondina, a Annunziata de Addolorata". Los habitantes del pueblo recibieron con cordialidad a los "internos", que en el primer año todavía eran pocos; a pesar de todas las diferencias, los unía el destino común de la guerra. "¿Cuándo volverán a casa?", preguntaban cuando iban a pedirle a Leone que les escribiera cartas para diversas oficinas y autoridades y él encontraba cierres maravillosos para esos textos (por ejemplo, para un obispo: "Beso Vuestro santo anillo"). "Cuando termine la guerra", respondía. "¿Y cuándo terminará? –insistían–. "Tienes que saberlo, profesor, si siempre sabes todo".

Cuando terminaba la cosecha, la mayoría de los hombres abandonaban el pueblo, ya que la producción de aquel suelo árido no alcanzaba para vivir. Se ocupaban como albañiles en ciudades cercanas y solo volvían para Navidad. La pobreza o la riqueza de una familia se podía saber por el fuego que ardía en la chimenea: había fuego de malezas recolectadas en el bosque, fuego de astillas y pequeñas ramas, grandes fuegos de leños de roble.

* * *

Los días pasaban con un ritmo uniforme. Temprano, al levantarse, Natalia sacaba a los niños al aire libre, incluso en invierno, cuando había nieve. "Este tiempo no es para salir de paseo. ¿Qué pecado cometieron estas criaturas? Vuelve a casa, *signo*". A la noche, daba una vuelta con Leone. Fue una época de gran intimidad para los dos. Nunca estuvieron tan cerca, tan felices de estar juntos. Leone seguía trabajando para la editorial, que continuaba pagándole su pequeño sueldo. Trabajaba con textos de Alessandro Manzoni, traducía a Pushkin y a Tolstói; corregía con precisión exagerada las pruebas de todos los textos de origen ruso que le enviaba Einaudi y despachaba casi a diario postales para Turín: comenzaban con un "Distinguidos señores" o "Respetable editorial", para no comprometer a los carabineros a los que debía mostrar su correspondencia. "Adjunto la corrección de la segunda prueba". Pero entre líneas preguntaba por los nuevos poemas de Pavese, hacía propuestas en código y, así, también desde Pizzoli siguió influyendo fuertemente en el programa editorial.

Al principio los Ginzburg eran muy pobres, casi no les alcanzaba el dinero para sobrevivir. Luego los ayudó Adriano Olivetti y la primera compra fue una estufa a leña con un tiraje que atravesaba todas las habitaciones. Leone escribía sentado a la mesa ovalada, mientras Natalia cocinaba y los niños jugaban en el piso. Solían pasar las noches en el Albergo Vittoria, de cuyas dueñas –madre e hija– Natalia no tardó en hacerse amiga. En especial la hija la ayudaba en todo lo que podía. Se sentaban junto a la chimenea y conversaban. El único tema que no tocaban era la política, la dueña no quería: estaban al lado del cuartel de los carabineros.

Cesare Pavese, que había pasado unos años de destierro en Brancaleone Calabro y acababa de publicar su novela *De tu tierra*, le mandó una postal a Natalia: "Querida Natalia, deje de tener hijos y escriba un libro más lindo que el mío". Natalia se lo tomó a pecho porque hacía rato que, mientras cocinaba puré de sémola, había vuelto a pensar en su "querido oficio".

En mayo de 1941, por las tardes, mientras una joven del pueblo cuidaba a los niños por un par de horas, escribió el cuento "Mi marido".

Una muchacha huérfana que vive en casa de su tía se casa con un médico rural de un pueblo cercano. Pasa el tiempo y la intimidad no quiere surgir, hasta que él le confiesa que ama a una pobre quinceañera, "un animalito" –como dice él– al que salvó de la muerte. A través del matrimonio había buscado liberarse de aquella relación compulsiva. La muchacha muestra comprensión y todo parece acomodarse; tienen un hijo, viven como una familia feliz. Llega un segundo hijo. Entonces, la aparente normalidad se quiebra: ella lo interroga y se entera de que ha vuelto a encontrarse con Mariuccia en el bosque. Mariuccia queda embarazada, da a luz un niño muerto y fallece en el parto, en el que la esposa del médico asiste a la partera. "No sabía que era posible alegrarse tanto por la muerte de una persona". El doctor, que había estado visitando a otro paciente, llega demasiado tarde. Esperanzada con un nuevo comienzo para la vida en común, su mujer lo lleva a casa. Él se encierra en un cuarto, se oye un disparo.

Un personaje femenino joven, soñador y desorientado, avasallado por una realidad cruel; una figura masculina débil: las configuraciones de los primeros cuentos de Natalia tienen ecos del maestro Chéjov. Planteos que parecen inocentes no tardan en verse atravesados por un escalofrío.

"El médico de ese cuento se parecía como una gota de agua al pediatra de mis hijos, a quien había observado sin siquiera pensar que podía colarlo en un relato". Discretamente, esta persona, que había sido importante para ella por motivos que nada tenían de literarios, había encontrado un lugar en la narración. En cambio, detalles anotados con toda intención a menudo terminaban siendo inútiles.

* * *

Leone y Natalia Ginzburg poco después de su boda.

En el verano, los visitó la madre de Natalia. Mostró curiosidad por todas las historias del pueblo y lo comparó con el caserío en Lucania donde estaban "internos" el hermano de Natalia, Alberto, y su mujer. Se alojó en el Albergo Vittoria, el único hospedaje de Pizzoli, porque el matrimonio no tenía lugar en su casa. Ella tampoco tardó en trabar amistad con las dueñas del lugar. A veces también iba Giuseppe, que había vuelto de Bélgica –donde habían cerrado su instituto– a Turín siguiendo un recorrido bastante arriesgado. Salían a jugar con los niños a "la pradera del caballo muerto", que llamaban así porque una mañana habían visto allí un caballo muerto. A Giuseppe, Pizzoli le recordaba la India: "La mugre que vi en ese país es inimaginable". Pero los recuerdos eran vitales y alegres.

* * *

En septiembre de 1941, cuando las visitas ya se habían ido y la tierra y las colinas de Pizzoli se teñían de rojo, Natalia recordaba Turín llena de nostalgia, extrañaba a su madre y a sus amigos. Estimulada quizá por la lectura de la novela *El camino del tabaco* de Erskine Caldwell, volvió a sentir que un cuento daba vueltas por su cabeza. Esta vez se propuso escribir algo más largo. Así surgió su primera novela corta.

Delia, la narradora en primera persona, es una muchacha de dieciséis años que vive en el pueblo con sus padres, sus hermanos y un primo, Nini; su hermana Azalea, de diecisiete años, logró dar el salto desde la pobreza rural de la familia hacia una engañosa pequeña burguesía, casándose con alguien de la ciudad, donde tiene un amante y muchos vestidos y pasa la mitad del tiempo durmiendo. Delia también quiere alejarse lo más rápido posible de una madre que siempre se queja y de un padre estricto y autoritario, además de la suciedad y la pobreza. Cada vez que puede, toma "el camino que va a la ciudad", deambula, visita a su hermana, toma un helado con su hermano y Nini. Comienza una historia con Giulio, el hijo del vecino rico, pero la felicidad la siente con Nini, que la respeta, le cuenta lo que lee, la alienta para que actúe con independencia y hasta le consigue un trabajo. Él ya está viviendo en la ciudad, junto con una joven viuda, y trabaja en una fábrica. Delia queda embarazada de Giulio, su padre le da una paliza, pero su madre se alegra por el buen partido y fuerza un casamiento. Hasta que llegue el día, Delia deberá irse a lo de una tía que vive en un pueblo aún más chico, para evitar murmuraciones. Se siente sola, rara, fea e infeliz. Nini la visita y le confiesa su amor y su desesperación; se aísla de todos, comienza a beber en exceso y finalmente muere por una neumonía. Delia se entera poco después del nacimiento del niño, al que no puede amamantar ni querer. Termina viviendo con Giulio en la ciudad, ve pasar sus días como Azalea y, cuando su hermano la visita, no hablan de Nini "porque los muertos dan miedo". Era la primera vez que Natalia buscaba escribir algo que le gustara a su madre. La extrañaba tanto. Amaba el pueblo, pero también lo odiaba cuando la embargaba la nostalgia por Turín o los amigos. Escribió las primeras páginas una y otra vez, para que sonaran lo más secas posible: a su madre no le gustaba el palabrerío. Cada oración debía ser "como un latigazo o una cachetada". Sus personajes –doce, como constató más tarde con orgullo– eran vecinos del pueblo que veía a diario. "Sin que los llamara ni se los pidiera, se habían metido en mi historia: a algunos los reconocí enseguida, a otros recién cuando terminé de escribir. Con ellos se mezclaban –también sin haber sido llamados– mis amigos y parientes más cercanos". Delia, "la muchacha que dice 'yo'", era una joven de Pizzoli, pero en parte también una vieja compañera de escuela. "Y, en parte, de forma oscura y confusa, también era yo misma. Ahí me di cuenta de que cada vez que usaba la primera persona me colaba en mi escritura sin ser llamada, sin ser convocada".

Natalia no les dio apellidos a sus personajes; el pueblo y la ciudad también carecían de nombre, debían representar un mundo que podía estar en el Norte tanto como en el Sur. "Y la calle, la calle que cortaba el pueblo en su centro y que, entre campos y colinas, conducía hasta la ciudad de L'Aquila, también encontró un lugar dentro de mi historia". En los dos meses que dedicó cada minuto libre a escribir, notó que "se puede tener un cuento corto en la cabeza, como la cáscara de una nuez, pero una historia larga se desarrolla sola, se escribe casi por sus propios medios". El título fue lo único que no llegó solo; fue un hallazgo de Leone: *El camino que va a la ciudad.*

* * *

Leone había solicitado permiso para abandonar el exilio interno por un par de semanas y, en noviembre de 1941, viajó con Natalia a Turín. Se reencontraron con la querida ciudad y con los amigos de la editorial, a la cual se había sumado gente nueva, en Milán y en Roma, con otros proyectos e ideas. Durante las cenas, discutían la estrategia editorial y la organización de la lucha antifascista. Elaboraron un programa de siete puntos que luego, en 1943, sirvió como base para la fundación del Partito d'Azione.

Natalia le dijo a Cesare Pavese: "Seguí su consejo", y le dio el manuscrito de su novela corta. El libro se publicó en 1942, bajo el seudónimo de Alessandra Tornimparte: las "leyes raciales" le impedían usar su apellido tan evidentemente judío. Sassa Tornimparte era una estación de ferrocarril cerca de Pizzoli, donde solía despachar los baúles.

Su talento fue reconocido de inmediato. En julio de 1943, en *Il Piccolo* de Trieste, el escritor y crítico Silvio Benco escribió una reseña sobre dos novelas fantásticas de Enrico Morovich y Tommaso Landolfi; hacia el final se preguntaba: "¿Pueden imaginar una literatura enteramente fantástica, en la cual la realidad no aparece, excepto para ser declarada en vías de extinción?". Y prosigue: "En contra de lo que aparenta, la realidad sigue siendo ilimitadamente más rica que la fantasía, que nunca nos abarca a todos, ya que de por sí es apenas una de las múltiples irradiaciones del espíritu humano. La realidad, en cambio, nos atrapa por todos lados y no bien oímos que una mano virtuosa toca la tecla de lo real, no podemos evitar prestar atención. Así me sucedió a mí… al toparme con la novela breve de una autora hasta hoy desconocida, plena realidad femenina dicha con valentía desprejuiciada, me puse a leerla y no pude dejarla. Es *El camino que va a la ciudad* de Alessandra Tornimparte? (Ed. Einaudi, Turín): la historia de una muchacha de condición humilde, con escasa conciencia de la vida y pocas ganas de hacer el bien, que se deja ir a la deriva casi pasivamente hasta recalar en un puerto, el del matrimonio, que para ella después no será un verdadero puerto, sino apenas una etapa más en la vida de quien ya ha perdido toda capacidad para sentir. Esa capacidad existía, pero el joven que la alimentaba murió. Era necesario eso para que la muchacha, en su inercia, la notara. Un caso humano, el dibujo de una figura cualquiera: pero la autora logra una precisión impactante en el tono y el pulso; su estilo, de párrafos cortos, acierta siempre: es rápido, directo, sostenido, sin grandes signos de exclamación, camina como la vida. No es casual que en ningún lado use palabras que no pertenezcan a la historia. La autora realmente ama el latido de lo real. No creo que alguna vez se interese por construirse un mundo de fantasía".

Lo más probable es que el signo de pregunta detrás del seudónimo fuera una errata, aunque tal vez escondiera una sospecha. Claro que también hubo otras voces. Un día, en Pizzoli, cuando Natalia abrió el diario *Primato*, leyó con espanto una crítica lapidaria del poeta Alfonso Gatto, que declaraba que el libro no le había gustado en absoluto. Leone la consoló, pero ella tardó un tiempo en procesar ese juicio demoledor.

* * *

Luego llegó un nuevo invierno. La cantidad de deportados aumentó. Ya no había solo italianos, al pueblo también llegaron judíos alemanes y polacos. Hablaban sobre sus experiencias terribles, sobre sus parientes deportados. Natalia conocía la crueldad de los nazis; ya había oído de sus atrocidades cuando los alemanes ocuparon Francia. Pero en ese trance se enteraba de la existencia de los campos de exterminio.

Pero también llegaban otras noticias, con cuentagotas y a escondidas: en octubre de 1942, la armada británica había atacado posiciones alemanas e italianas en El Alamein; la estrategia funcionó, en noviembre las fuerzas inglesas y americanas se desplegaron en el norte de África y miles de alemanes e italianos fueron tomados presos. En Stalingrado, el Ejército Rojo estaba a punto de derrotar a la Wehrmacht alemana. Nacía un poco de esperanza. Si la locura tan solo terminara pronto.

* * *

Los días en el pueblo transcurrían sin cambios. Leone escribía sentado a la mesa ovalada y, cuando los niños quedaban al cuidado de la niñera Crocetta, Natalia trabajaba en la traducción del primer tomo de *En busca del tiempo perdido* de Proust. Giulio Einaudi y Leone le habían confiado esta tarea titánica antes de la guerra. En esa época ella aún no había leído a Proust, solo lo conocía a través de su madre y su hermana. Al leerlo, se enamoró sin remedio de aquel texto. Al principio, Leone controlaba cada coma. "Así no va", decía, y le hacía reescribir innumerables veces las primeras páginas.

Mientras tanto, Crocetta les contaba a los niños leyendas misteriosas: "Había una vez un pequeño al que se le murió la madre. El padre tomó esposa nueva y la madrastra no quería al niño. Por eso, cuando el padre salió al campo, lo mató y preparó carne hervida. El padre regresa y come, pero al terminar, los huesos que quedan en el plato comienzan a cantar:

> Y mi madrastra maldita
> Me guisó en la marmita
> Y mi padre, ese glotón,
> Me dio un buen mordiscón.

Entonces, el padre asesina a su mujer con una guadaña y la cuelga de un clavo en el lado de afuera de la puerta".

Natalia y Leone les leían *Las extraordinarias aventuras de Caterina*, un libro para niños escrito por Elsa Morante cuando era muy joven, pero también los relatos maravillosos del escritor siciliano Luigi Capuana, que no se quedaban atrás en su violencia comparadas con los de los Abruzos.

* * *

De a poco, el frío cedió y la nieve comenzó a derretirse. "El final del invierno despertaba en nosotros una suerte de inquietud. Tal vez alguien nos visitaría: tal vez por fin pasaba algo. Nuestro exilio tenía que terminar algún día. Los caminos que nos separaban del mundo parecían más cortos. El correo venía más seguido. Poco a poco se iban curando nuestros sabañones".

Natalia estaba otra vez embarazada y el 20 de marzo de 1943, en L'Aquila, dio a luz a su hija Alessandra. Su madre llegó para el nacimiento y esta vez se quedó mucho tiempo. "No tenía ganas de partir... Esperábamos que pronto finalizara la guerra. Fue una época sin pesares y fueron los últimos meses que pasamos juntos Leone y yo". Pero en ese momento Natalia no lo sabía; creía firmemente en "un porvenir alegre, pleno de sueños cumplidos, de vivencias y de proyectos en común".

Cuando el 25 de julio de 1943 recibieron la noticia del derrocamiento de Mussolini, Leone viajó de inmediato a Roma para decidir los pasos a seguir junto a la conducción del Partito d'Azione, al que pertenecían muchos antiguos miembros de Giustizia e Libertà. Aquel partido radical-democrático, cuyo nombre ya indica su filiación con la tradición del Risorgimento, tenía por objetivo la caída del fascismo, el establecimiento de una república y el cambio profundo de la sociedad italiana. "La liquidación del fascismo no debe limitarse a la superficie del régimen, sino que –desde hoy mismo– debe llegar a sus raíces económicas y estructurales", escribía en 1944 uno de sus exponentes.

Natalia se quedó en Pizzoli y siguió sacando a los niños al sol todos los días, en la pradera del caballo muerto. Extrañaba a Leone y a su madre: "Mi alma se llenaba de los presagios más tristes".

Leone pasó unas semanas en Turín y en septiembre de 1943 se hizo cargo de la dirección de la filial romana de la editorial Einaudi, así como del grupo romano del Partito d'Azione. Pronto quedó claro que el gobierno que había convocado el rey y que comandaba el general Badoglio no tenía la más mínima intención de colaborar con las distintas fuerzas democráticas. En los cuarenta y cinco días que duró ese gobierno hasta la capitulación incondicional de Italia frente a los Aliados –que sucedió el 3 de septiembre, pero recién fue anunciada el 8–, el país se mantuvo unido a la Alemania nazi y las "leyes raciales" siguieron en vigencia.

"Luego llegó el Armisticio, la breve euforia y el delirio del Armisticio. Dos días después, los alemanes. Por las calles pasaban camiones alemanes; las colinas y el pueblo estaban repletos de soldados. En el hotel había soldados, en la terraza, bajo la pérgola y en la cocina. El pueblo estaba petrificado por el miedo. En la calle me cruzaba con los demás internados y con la mirada, en silencio, nos preguntábamos a dónde ir, qué hacer".

Ocupación alemana de Roma.

El día después del anuncio de la capitulación italiana, paracaidistas alemanes habían liberado a Mussolini, que fundó la República Social Italiana, un gobierno de marionetas dominado por los nazis con sede en Saló, junto al lago de Garda. La mayor parte del ejército italiano fue apresado y deportado a campos de concentración en Alemania. El mismo día, los Aliados desembarcaron en Salerno. Comenzó una lucha de casi dos años por la liberación. En su retirada, las tropas alemanas se vengaron con brutalidad inaudita de lo que llamaban "la traición italiana", el Armisticio. Italia se convirtió en un país dividido y ocupado. Agotada y anémica por la guerra, ya era escenario directo de las batallas de los dos ejércitos enfrentados: el aliado y el nazi.

* * *

Natalia recibió una carta preocupada de su madre y por primera vez tuvo la sensación de que ella ya no la podía proteger. La comunicación con Leone se había cortado. Recién el 20 de octubre un hombre le llevó una carta. Al amanecer del 16 de ese mes, los alemanes habían deportado a los judíos del gueto de Roma. Leone le rogaba a Natalia que abandonara Pizzoli, porque los soldados alemanes, con ayuda de la policía fascista que seguía activa, estaban dando caza a los judíos. En el pueblo se sabía que ellos eran judíos, no había forma de esconderse.

¿Cómo iba a huir con tres niños? Natalia no sabía qué hacer. Los vecinos del pueblo la ayudaron; las dueñas del Albergo Vittoria les dijeron a los soldados acuartelados en el lugar que Natalia era una pariente de Nápoles, que había perdido sus papeles durante un bombardeo y necesitaba seguir viaje a Roma. "Así, una mañana subí a uno de esos camiones [alemanes] y la gente del pueblo se acercó para besar a mis hijos, que habían visto crecer, y nos dijeron adiós". En las afueras de Roma, las calles estaban minadas. Natalia y los niños subieron a un tren. Fueron bombardeados, pero finalmente llegaron a la capital, a la pequeña estación de Piazzale Flaminio. Felices, los dos varoncitos corrieron a los brazos de su padre y su impermeable claro, mientras Natalia tenía en brazos a Alessandra y sonreía. "Cuando llegué a Roma, respiré aliviada y creí que comenzaría una etapa feliz para nosotros. No tenía muchos motivos para creerlo, pero lo creí. Nos alojábamos cerca de Piazza Bologna. Leone dirigía un diario clandestino y nunca estaba en casa. Lo detuvieron veinte días después de nuestra llegada y nunca más lo volví a ver".

Esas tres semanas vivieron con un nombre falso y, para obtener más cupones de racionamiento, dijeron ser hermanos. Leone enfermó y tuvo que quedarse unos días en cama. Cuando pudo volver a ponerse en pie, dijo: "Debo irme". Esa noche no regresó. Natalia se sentía perdida. Esperó y esperó, muerta de miedo. "De pronto sonó el teléfono, alguien dijo '¡señora Ginzburg!' y enseguida colgó". ¿Fue un aviso o una amenaza? Al amanecer, llegó Adriano Olivetti y le dijo que Leone había sido detenido en la imprenta clandestina de via Basento y que debía abandonar inmediatamente la casa, porque la policía podía llegar en cualquier momento. "Toda mi vida recordaré el consuelo que sentí aquella mañana, después de tantas horas de soledad y miedo, al ver ante mí su figura, que me era tan familiar, que conocía desde la infancia... Y, cuando escapamos de esa casa, tenía la expresión de esa vez en que había venido a casa para buscar a Turati; la expresión sin aliento, asustada y feliz de cuando ponía a alguien a salvo". Despertó a los niños; Adriano la ayudó a vestirlos y a empacar rápidamente lo indispensable, y los llevó a un convento de monjas en via Nomentana.

Leone Ginzburg había sido detenido el 20 de noviembre de 1943 bajo un nombre falso y transportado a la prisión de Regina Coeli. Diez días más tarde fue reconocido y trasladado al sector alemán de la cárcel. A partir de ese momento, Natalia no tuvo más noticias de él. Fue interrogado y torturado. A fines de enero, por insistencia de Emilio Lussu y otros miembros del Partito d'Azione, lo llevaron a la enfermería de la prisión. Había esperanzas de poder organizar, desde allí, su huida. Natalia se ilusionó un poco. Le llevaba comida a la prisión; no le permitían visitarlo. El 4 de febrero, salió del último interrogatorio cubierto de sangre, y Sandro Pertini –que también estaba en Regina Coeli– lo oyó decir: "No hay que odiar a los alemanes, después". Esa noche le escribió a Natalia. "Recibí la carta cuando ya estaba muerto. Era una carta sin esperanzas de salir vivo de ahí. Leone había sido golpeado una segunda vez por los alemanes y le habían destruido un

Con Andrea (en brazos) y Carlo.

maxilar. Leone se sintió muy mal aquella noche y le pidió al enfermero que llamaran un médico. Pero el enfermero no llamó a nadie, solo le dio un café. Y así murió Leone, y no había nadie cuando Leone murió". En el amanecer del 5 de febrero de 1944, lo encontraron muerto en su celda. Nunca se aclaró del todo la causa de su fallecimiento. Seguramente su corazón no había resistido las torturas.

* * *

Al enterarse de la noticia, Natalia se desesperó de dolor. Gritó y lloró. Pero con el coraje de una Antígona consiguió ingresar a la cárcel para verlo una última vez. Si la hubieran reconocido, quizá ella tampoco habría salido de Regina Coeli. Pero le daba igual: "Cuando el miedo dura mucho, se transforma. Se vuelve valentía, no: acostumbramiento. Eso. En definitiva, cuando uno tuvo demasiado miedo, no es que todavía lo tiene. O enloquece, o se mata, o no lo tiene más".

Más tarde describió el último encuentro con Leone, sin nombrarlo, en un poema llamado "Memoria", publicado en diciembre de 1944 en un número especial de la revista *Mercurio*. Dolor irremediable, orfandad, distancia y la imposibilidad de identificarse con los sentimientos de los otros en la ciudad llena de luces, cuando vuelve a la vida tras los nueve meses de pesadilla de la ocupación alemana. Un renacimiento del que ella –con veintiocho años, sola y sin futuro– no participa. Pero el poema era "estoico", escribió Cesare Garboli. "El dolor no daña la armonía del mundo, ni el derecho del mundo a existir, a reproducirse sin alteraciones, a no modificarse por la muerte de una persona".

La ciudad iluminada es de los otros
1944-1945

Poco después de la muerte de Leone, Natalia tomó a sus hijos, dejó Roma y fue a reunirse con su madre en Florencia.

"Nos negamos al dolor: lo sentimos venir y nos escondemos detrás de los sillones, detrás de las cortinas, para que no nos encuentre.

Pero entonces, el dolor viene por nosotros. Lo habíamos esperado y, sin embargo, no lo reconocemos enseguida: no lo llamamos enseguida por su nombre. Aturdidos e incrédulos, confiados en que todo se compondrá, bajamos la escalera de casa, cerramos para siempre esa puerta; caminamos interminablemente por calles de polvo. Nos siguen, y nosotros nos escondemos: en conventos y en bosques, en graneros y en callejuelas, en bodegas de barcos y en sótanos. Aprendemos a pedir ayuda al primero que pasa: no sabemos si es amigo o enemigo, si querrá ayudarnos o delatarnos, pero no tenemos opción y por un instante le confiamos nuestra vida. También aprendemos a ayudar al primero que pasa. Y seguimos albergando en nosotros la esperanza de que pronto regresaremos a nuestra casa con sus alfombras y sus lámparas; seremos acariciados y consolados; nuestros hijos se sentarán a jugar con delantales limpios, con pantuflas rojas. Dormimos con nuestros hijos en estaciones y en pórticos de iglesias, en albergues para pobres: somos pobres, pensamos sin orgullo alguno; de a poco, desaparece de nosotros cualquier rastro de orgullo infantil. Tenemos verdadera hambre y verdadero frío. Ya no tenemos miedo: el miedo caló en nosotros y se hizo uno con nuestro cansancio; es la mirada reseca y sin memoria que echamos sobre las cosas".

Natalia casi nunca hablaba con su madre sobre la muerte de Leone. Lidia lo había querido mucho. Pero expresar luto y dolor era algo que no estaba en su naturaleza. Toda su entrega estaba dirigida a sus nietos. Vivieron un tiempo en casa de familiares en Fiesole, pero quedarse mucho tiempo en el mismo sitio era peligroso. Natalia dejó a su hijo Andrea al cuidado de su hermana y para Alessandra, que aún no había cumplido un año, encontró un lugar en un hogar de niños donde estaría a salvo. Ella misma fue con su madre y con Carlo, el mayor, a un hotel en las colinas de Vallombrosa. La línea del frente pasaba muy cerca. Los alemanes tenían órdenes de dejar "tierra arrasada" en su retirada; eran atacados por grupos de partisanos y sus represalias desplegaban la mayor de las crueldades. Los refugiados que vivían en el hotel en Vallombrosa tenían pánico. Por la calle que pasaba delante del establecimiento marchaban los soldados. Carlo, que tenía cinco años, oyó cómo alguien chapurreaba con acento alemán: "Hotel Panorama". "Ahora te llamas Carlo Tanzi", le advirtió su abuela y escribió el nombre en el libro que le estaba leyendo, *El niño más feliz del mundo* de Carola Prosperi. "¡Se desaloja el hotel!" –gritó uno de los alemanes–. "Tienen que irse todos a Forlì". Eso significaba cruzar los Apeninos a pie. ¿Cómo sobrevivirían? Carlo subió a ponerse los zapatos. Al rato, tras un intercambio intenso pero breve, otro pegó un grito: "¡No, se quedan aquí!". Alivio. Una breve pausa de calma. Entonces vieron llegar los tanques aliados. La Liberación. Agosto de 1944.

* * *

"Después de la guerra, el mundo parecía enorme, irreconocible y sin límites". Nada era como había sido antes. El padre y la madre de Natalia "parecían envejecidos… En cuanto a mi madre, los miedos y las desgracias la envejecían de golpe, en cuestión de un día". Los padres de Natalia volvieron al Turín destruido por las bombas y al departamento de vidrios rotos en via Pallamaglio, que había pasado a llamarse via Morgari.

La Liberación llega a Roma. Ingreso de tropas aliadas.

Natalia, en cambio, unas semanas después de la Liberación –en octubre de 1944–, regresó a Roma y vivió en una pensión valdense en via Balbo. Quería buscar trabajo, ganar dinero para alimentar a sus hijos, pero al mismo tiempo sentía temor. "Más allá de criar a mis hijos, cumplir con las tareas domésticas con extremada lentitud y torpeza y escribir novelas, jamás en mi vida había hecho algo". La contrataron en la editorial Einaudi, donde se dedicó a revisar manuscritos y traducciones. Por temor a su "pereza" cumplía con las tareas encomendadas "a un ritmo feroz, vertiginoso, sumida en un aislamiento total y en absoluto silencio". Se sentía "como los elefantes que se esconden para morir". Y también se preguntaba si su actividad en la editorial servía para algo. Pero estaba rodeada de personas que habían conocido muy bien a Leone.

* * *

Por las noches, escribía. El relato de los años con Leone, "Invierno en los Abruzos", fue publicado por la revista *Aretusa*. "Esa era la mejor época de mi vida, pero solo lo sé ahora que se me escapó para siempre". El poema "Memoria" también fue publicado, y fue considerado una "sensación autobiográfica".

Memoria

Los hombres van y vienen por las calles de la ciudad.
Compran comida y diarios, caminan rumbo a
                                    [sus asuntos.
Tienen buen semblante, también labios vivaces.
Levantaste la sábana para mirar su rostro,
te inclinaste a besarlo con un gesto habitual.
Pero era la última vez. Era el rostro habitual,
solo que un poco más cansado. Y el traje era el
                                    [de siempre.
Y los zapatos eran los de siempre. Y las manos
                                    [eran aquellas
que partían el pan y vertían el vino.
Todavía hoy, con el paso del tiempo, levantas la sábana
para mirar su rostro por última vez.
Si caminas por la calle, nadie va a tu lado,
si tienes miedo, nadie te toma la mano.
Y no es tuya la calle, no es tuya la ciudad.
No es tuya la ciudad iluminada: la ciudad iluminada es
                                    [de los otros,
de los hombres que van y vienen, comprando comida
                                    [y diarios.
Puedes asomarte un rato a la ventana apacible,

y mirar en silencio el jardín a oscuras.
Antes cuando llorabas estaba su voz serena;
antes cuando reías estaba su risa tenue.
Pero la reja que se abría de noche quedará cerrada
[para siempre;
y está desierta tu juventud, apagado el fuego, vacía
[la casa.

Ya no necesitaba esconderse tras el seudónimo Alessandra Tornimparte, sino que firmaba *Natalia Ginzburg*.

Después de "tantos años en los que parecía que el mundo estaba enmudecido y petrificado", había alegría y optimismo en el aire. La editorial se expandía y buscaba dejar su impronta en el cambio cultural, colmando el vacío intelectual generado por veinte años de fascismo. Había una enorme necesidad de ponerse al día. Se tradujeron muchos libros extranjeros, entre otros *América* de Franz Kafka, *El muro* de Jean-Paul Sartre, *Fiesta* de Ernest Hemingway. También se publicaron la novela de Carlo Levi sobre su confinamiento –*Cristo se detuvo en Eboli*– y la novela de Italo Calvino sobre la Resistencia, *El sendero de los nidos de araña*. "La ardilla con la pluma", definió Cesare Pavese al joven Calvino, que pocos años más tarde se convertiría en uno de los colaboradores más importantes de Einaudi.

Muchos intelectuales habían tenido participación activa en la lucha armada de la Resistencia; habían sentido la solidaridad del pueblo y las múltiples discusiones como "una escuela para la democracia" y varios de ellos escribieron la historia mucho antes de que la maquinaria pesada de la historiografía oficial se pusiera en marcha. Sus experiencias les habían despertado la esperanza de que la justicia social era posible y, en su entusiasmo inicial, muchos se vieron inspirados a escribir textos idealistas y utópicos que pronto quedarían expuestos como "generosas ilusiones", como los llamó Elio Vittorini.

"En esa época había dos formas de escribir" –según Natalia Ginzburg–: "una era la simple enumeración de hechos, siguiendo la huella de una realidad gris, lluviosa y avara... la otra era irrumpir en los hechos con violencia y con arrebatos de lágrimas, suspiros convulsos, sollozos... En uno y otro caso... el error común era creer siempre que todo podía transformarse en poesía y palabras". La realidad se reveló "compleja y secreta, indescifrable y oscura"; el entusiasmo colectivo ("la cosecha alegre de los primeros tiempos") había sido una ilusión. "Era necesario volver a elegir las palabras, escrutarlas para percibir si eran falsas o auténticas, si tenían o no raíces verdaderas en nosotros, o si solo tenían las efímeras raíces de la ilusión común".

Vittorini, que trabajaba para Einaudi desde Milán –donde además fundó la revista *Il Politecnico*–, propuso a los lectores que enviaran crónicas de sus experiencias porque creía que el diálogo entre los intelectuales y los ciudadanos podía estimular la construcción de una conciencia general. Natalia leyó los manuscritos que llegaron a la editorial. Muchos eran increíblemente cursis o intentos fallidos y toscos, pero otros le resultaron conmovedores en su ingenuidad.

Cada día, cuando iba en bicicleta a la oficina, la asaltaban los recuerdos. Pensaba en la época de la ocupación alemana, cuando vivía en la clandestinidad con Leone; en el momento en que lo apresaron; en su miedo cuando iba a la cárcel y, a través de los zapatos agujereados, "sentía el frío de los adoquines" en las plantas de los pies, en aquel "gélido febrero" de 1944.

Sus compañeros en la editorial –"las personas que siempre habían trabajado y pensado juntas"– la cuidaban y Natalia se mudó de la pensión a la casa de una amiga en el barrio de Prati. A la noche solían conversar tomando té amargo –en los primeros años después de la guerra aún no se conseguía azúcar– y hablaban sobre cómo sería su futuro. Sobre la dificultad incluso de poder imaginar un futuro. Sobre la inutilidad de las madres no bien los niños pueden valerse por sí mismos. Sobre la necesidad de arreglárselas solas con el dolor.

En su aflicción, Natalia sentía a la editorial como un refugio. También amaba Roma, la ciudad donde había visto a

Leone por última vez y lo había perdido, allí donde ella había sobrevivido la ocupación escondiéndose con sus hijos en un convento. Cuando, tarde a la noche, después de cenar en alguna *trattoria*, paseaba con amigos por calles silenciosas o se sentaba en una *piazza*, la ciudad –en la que incluso en invierno el aire podía ser sorprendentemente tibio– parecía un pueblo y a veces olía como el campo.

* * *

Una de esas noches conoció a Gabriele Baldini, un joven de la burguesía romana que se parecía "al actor Robert Donat": delgado y espigado, con una camisa de franela a cuadros, un bigote suave. La acompañó por via Nazionale hasta su casa, conversaron educadamente sobre esto y aquello, "y me pareció un muchacho que estaba a mil siglos de distancia de mí. Yo ya me sentía muy vieja, cargada de experiencia y errores". En el verano de 1945 comenzó un tratamiento psicoanalítico. "Debería haberme sentido como una enferma ante un médico. Pero no me sentía enferma, solo llena de culpas oscuras y de confusión". Durante un par de meses, anotaba todos los días sus sueños –en un café, a las apuradas, antes de la sesión–, y se sentía como una estudiante. Luego subía, se sentaba frente al analista y hablaba con él. "En su mirada nunca se apagaban la ironía y una profunda atención... La luz de su inteligencia me iluminó durante aquel verano negro". Al final de ese verano, decidió regresar a Turín. Extrañaba a sus hijos, quería volver a vivir con ellos. "No me había liberado de mis neurosis, simplemente había aprendido a soportarlas o, al final, las había olvidado".

* * *

En otoño se mudó a casa de sus padres, que le cedieron una parte de su departamento. Muchas viviendas del barrio estaban en ruinas. Pero en su edificio, los daños provocados por las bombas ya habían sido parcialmente arreglados. Habían repuesto los vidrios y la calefacción también había vuelto a funcionar. Podía llegar el "invierno acolchado y profundo" que tanto había extrañado en Roma.

Con Gabriele Baldini.

Personas que siempre habían trabajado y pensado juntas
1946-1948

Natalia comenzó a trabajar en la sede turinesa de la editorial Einaudi cuando la dirigía provisoriamente Massimo Mila, porque para entonces Cesare Pavese ya era director editorial y en 1945 y 1946 pasó dos largas temporadas en Roma. Todas las mañanas se redactaba un memorándum, una especie de informe diario de la situación, que incluía todos los sucesos importantes y, a veces, también intercambios literarios controvertidos. Circulaba por vía postal entre las oficinas de Turín, Roma y Milán; así, nadie perdía tiempo en el teléfono.

En esos informes Giulio Einaudi resaltaba la necesidad de una "concordia fraternal entre Turín, Milán y Roma, de modo que se constituya un frente cultural unido y progresista sin sectarismos, abierto a la colaboración de cualquier demócrata sincero".

Sobre proyectos más concretos, Natalia escribió: "Le pregunté a Carlo Emilio Gadda por *El zafarrancho aquel de via Merulana*. Ya lo había prometido a medias a Leo Longanesi, pero está contento, muy contento, de dárnoslo a nosotros. Hay que escribirle". Y también: "Pratolini queda libre a fines de 1949. Le encantaría darnos un libro. También hay que evitar que él se desinfle. Landolfi: también le pedí un libro. No tiene nada listo. Pero tengo la impresión de que pediría millones". Era famosa por sus veredictos breves: "Fürst quiere traducir el *Ulysses* de Joyce. Pero me dicen que Mondadori tiene los derechos y, de todos modos, Fürst es una puta vieja". Y por su humildad: "Como no hice mucho trabajo editorial, no quiero que se me paguen los gastos".

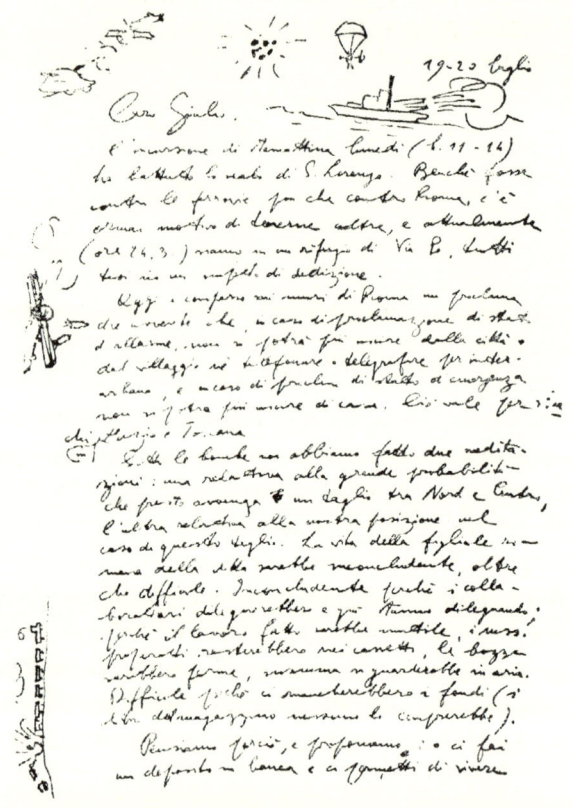

Cesare Pavese propone a Giulio Einaudi estrategias para
continuar el trabajo del sello editorial pese a las enormes
dificultades.

Pavese mandaba sus instrucciones desde Roma: "Natalia
debe llevar un suave toque de femineidad a esa áspera atmósfera de corso Re Umberto que las comadres no lograron disipar... Tú [Massimo Mila] y Natalia son del Partito
d'Azione... Yo, desde que puse definitivamente en regla mi
ingreso al Partido Comunista, estoy en mejores condicio-
nes que nunca de apoyar y defender la editorial turinesa,

que considero mi feudo desde que nací… Pero también necesito ventilar mi resentimiento contra Vittorini, Balbo y Natalia porque, mientras yo tiro del carro como buen mulo piamontés, aquellos son fervientes cultivadores de los amplios ocios humanistas y del descubrimiento del hombre".

Felice Balbo, un colaborador que "siempre paseaba por las oficinas", era católico y comunista. Convenció a Natalia para que entrara al Partido Comunista; creía que eso la sacaría de su aislamiento. En la editorial Einaudi funcionaba una célula comunista y Balbo la animaba con regularidad a participar en las asambleas, pero a ella solo le resultaban "aburridas y tristes".

Por primera vez desde la guerra, la huida y las separaciones forzadas, Natalia había vuelto a tener una casa donde vivir junto con sus hijos. Cuando, temprano, iba a la oficina, los niños se cruzaban a la casa de la abuela, que los adoraba. "¡Por suerte tengo a mis niños!", decía, y Natalia fruncía el ceño: al fin y al cabo eran *sus* niños. Pero ya se había vuelto a acostumbrar a que su madre se ocupara de todas las cosas prácticas. Y en verano, sus padres viajaban con los niños a las montañas, mientras ella se quedaba en Turín, exceptuando los pocos días en los que la editorial cerraba.

En Roma había desarrollado la costumbre de escribir hasta entrada la noche. Pero en esa nueva etapa terminaba la mayoría de los días en casa de los Balbo. Felice Balbo era su interlocutor más importante, a pesar de que no leía sus textos en forma sistemática y resultaba un inútil en cuanto a consejos prácticos. "Eres superficial", le reprochaba Natalia a veces, enojada. Pero le encantaba oírlo hablar sobre lo que ella escribía. Sentía que él la entendía en su esencia: una mirada sobre un texto le alcanzaba para captar cuánta verdad encerraba. Eso era algo que ella sabía bien.

Con sus hijos Andrea, Carlo y Alessandra en el Valle de Aosta, 1947.

En esa época, Natalia empezó a levantarse al alba, para poder escribir cuando todo estaba aún en silencio, y mantuvo ese hábito hasta el final de su vida. Echaba una mirada a los niños dormidos y se sentaba en el sofá, con bolígrafo y papel. Escribía artículos para *L'Unità*, *La Stampa* y otros diarios, y nuevos relatos. También en la editorial, donde compartía una habitación con Cesare Pavese –que mientras tanto había vuelto de Roma–, solía trabajar en sus textos. Pavese, con una pipa en la boca, escribía, tachaba lo que acababa de escribir, se rizaba el pelo con un dedo. Para descansar, entre medio leía en voz alta algunos versos de la *Ilíada*, canturreando en griego. A veces, Natalia escribía la misma página varias veces, pero no cambiaba nada en la estructura. Los dos buscaban un lenguaje nuevo; el viejo se había vuelto hueco e inútil tras veinte años de fascismo: "Moneda fuera de curso, que ya nadie acepta". El lenguaje nuevo debía ser lapidario, claro, acorde con la realidad. "No mentir ni permitir que otros mientan: quizá eso sea lo único bueno que nos dejó la guerra".

Los padres de Natalia en los Alpes.

Cuando llegaban visitas, Pavese protestaba con mal tono: "Tengo cosas que hacer. ¡Aquí no hacen falta ideas! ¡Estamos hasta el cuello de propuestas!". Felice Balbo, en cambio, recibía a las visitas con entusiasmo, estaba abierto a sus ideas y discutía con pasión. Giulio Einaudi, el director, que antes había sido tan tímido, ya lograba armarse de una expresión gélida e impenetrable cada vez que llegaban desconocidos que le traían propuestas. "Esa timidez se había convertido en una fuerza, contra la cual los desconocidos chocaban como polillas encandiladas frente a un reflector". Tras la conversación, se levantaban inseguros en cuanto a la sensatez de sus proyectos, mientras él sin dudas ya había formado su veredicto.

Si alguien cometía un error en el trabajo, la costumbre era hacer autocrítica en grupo y analizar los errores en voz alta. "Amontonábamos error sobre error, entrelazados, y la autocrítica superponía los errores, se enredaba y se fusionaba con esos mismos errores como, en una ópera, la música se fusiona con las palabras, opaca su sentido y se las lleva con su ritmo victorioso".

* * *

En marzo de 1946, la revista *Darsena Nuova*, que se editaba en Viareggio, publicó un cuento de Natalia, "Verano". En primera persona, una mujer describe su desesperado estado anímico: ya no quiere vivir como mujer, en realidad ya no quiere vivir más, y al final intenta suicidarse. Pero la noticia de que sus hijos están enfermos la trae de vuelta a la vida. Se sube al primer tren: "La frente contra el vidrio, yo veía alejarse la ciudad que, fría e inocua como la brasa apagada, ya había perdido su poder maléfico. El viejo y conocido miedo maternal retumbaba en mí con el estruendo del tren y barría como un tornado… los somníferos y los elefantes, mientras, incrédula, me preguntaba cómo me había podido interesar durante todo el verano por cosas tan ínfimas".

Ese mismo año, se publicaron en Einaudi los dos primeros tomos de su traducción de *En busca del tiempo perdido* de Proust. Al huir de Pizzoli, había tenido que dejar el manuscrito allí, pero alguien se lo había guardado. Después de la guerra regresó al pueblo, lo buscó y terminó el trabajo en Turín. "¿De qué habla el libro, mamá?", preguntaban los niños. "Trata de un niñito" –decía Natalia, tal como en su momento se lo había contado su hermana Paola, cuando ella era chica– "que no se podía dormir si su madre no iba a darle el beso de las buenas noches".

* * *

Había retomado el trabajo en un texto propio, con la esperanza de encontrar algo de consuelo en la escritura. Terminó una novela breve, *Y eso fue lo que pasó*, escrita casi por completo en su oficina en la editorial. El libro abre con un acto desesperado: "Quería escribir y encontré el disparo de un revólver y lo seguí". Con voz queda, al límite de sus fuerzas, después de asesinar a su marido en la primera página, una joven cuenta la historia de su relación imposible. Un matrimonio sin gran amor, infidelidad del marido, nacimiento de un hijo que parece ser un consuelo, muerte del hijo, incapacidad del hombre de sostenerla tras la pérdida y de desprenderse de sus viejos vínculos. Lo que queda es una mujer joven sin esperanzas, que ha perdido toda orientación y no ve posibilidades de seguir viviendo. Como contrapartes en esta narración llena de "humo, lluvia y neblina", Natalia Ginzburg concibe a la prima Francesca, que se escapa de la familia y exige su derecho a la libertad sexual y la independencia económica; a Giovanna, la amante del marido, que a su vez no tiene pruritos en continuar con su propio matrimonio muy burgués; y a Augusto, que encuentra en la escritura una posibilidad de supervivencia.

"Si no te sintieras tan infeliz, habrías escrito un relato más hermoso", le dijo un amigo cuando apareció *Y eso fue lo que pasó*, en la editorial Einaudi, en 1947. La infelicidad paraliza la imaginación, creía ella, "porque entonces se escribe solo lo que es". Consolarse con la escritura era imposible. Al escribir no había que perseguir fines personales.

"Seguro que algunos fruncirán la nariz, olerán el engaño, dirán que es pura retórica. Son aquellos que no se miran en el espejo, que no saben escuchar su propia voz y seguir sus propios gestos", escribió el crítico Oreste Del Buono en su reseña. "Si sus lectores la escucharan hablar, si la vieran moverse y caminar, entenderían que para ella escribir y vivir son una misma cosa. Los sucesos narrados nunca son autobiográficos en el sentido común del término, porque no hay mujer que se considere menos que ella un problema importante. Natalia

Ginzburg es humilde y, a veces, se siente un poco como un 'paria', en sus propias palabras. Para ella, la fantasía es la continuación de la vida. Pero los hechos no cuentan, lo importante es 'el canto de la vida'".

* * *

El 18 de abril de 1948 iba a haber elecciones. Como muchos otros escritores e intelectuales, Natalia habló en varios actos públicos y en fábricas, en nombre del PCI. Pero hablar frente a mucha gente no era su fuerte; se trababa y, de puro nerviosa, leía sus textos con tanta velocidad que terminaba demasiado rápido. Le pidieron a su padre que se presentara como candidato del Frente Popular, la alianza que se había formado entre comunistas y socialistas. Dio un solo discurso público que, para sorpresa de los oyentes, comenzó con las siguientes palabras: "La ciencia es la búsqueda de la verdad". La madre de Natalia, en cambio, no sentía ninguna simpatía por los comunistas. "No estoy a favor de la derecha ni de la izquierda" –decía–, "estoy a favor de la paz".

El Frente Popular perdió las elecciones y así comenzaron los más de cuarenta años de dominación de la Democracia Cristiana en Italia.

Ese mismo año, Elsa Morante le envió a Natalia el manuscrito de su nueva novela, *Mentira y sortilegio*. Natalia, que se ocupaba de los autores contemporáneos en Einaudi, la leyó y se la pasó entusiasmada a Pavese. La editorial decidió de inmediato publicarla. Elsa había enviado el original en lugar de una copia, porque se le había acabado el papel. Para las correcciones de galeras, viajó a Turín y se quedó en lo de Natalia, cuyos padres estaban en un largo viaje en el exterior. Según ella, eran tantas las erratas que le dio urticaria. Las dos se pasaban horas en el cuarto de la madre de Natalia, en la cama, trabajando en el texto. Como mujeres y como escritores –Elsa se enfurecía si utilizaban la palabra *scrittrice*, "escritora"– eran casi lo opuesto, y precisamente por eso se entendían tan bien. De vez en cuando, los niños se asomaban por la puerta, contentos con la visita y de que la madre estuviera tanto tiempo en casa. En noviembre de 1948, Natalia escribió el cuento "La madre". Describe la vida de una joven viuda desde el punto de vista de los niños, criados sobre todo por la abuela: cómo se levanta, va a trabajar, se encuentra a escondidas con un hombre y termina poniéndole fin a su vida en un cuarto de hotel. Las dos historias –"Verano" y "La madre"– permiten entrever parte de la angustia con la que cargaba Natalia Ginzburg mientras se esforzaba por encontrar una forma de vida nueva, propia, después de la pérdida de Leone. Luchaba contra los ataques de desesperación y sabía que muchas mujeres sentían lo mismo. "Las mujeres tienen la mala costumbre de caer, cada tanto, en un pozo, de dejarse atrapar por una tremenda melancolía y hundirse dentro de ella, bracear y volver a salir". Un problema que los hombres, según ella, no tenían, ya que eran mucho más seguros de sí mismos y no estaban aplastados por dos mil años de opresión. Que a pesar de todo –a pesar de esta "mala costumbre"– pudieran ocuparse de las cosas esenciales, allí veía ella el desafío.

Un día viajó a Roma con su hermana Paola. En el famoso Caffè Greco se encontraron con Cesare Garboli. Desde que en 1944 había leído en *Mercurio* el poema "Memoria", el veinteañero Garboli sentía curiosidad por conocer a Natalia Ginzburg. Una amiga de su madre, Maria Segre, la misma que había criado a Leone, había respondido a la pregunta de Garboli: "¿Que cómo es Natalia? ¡Una creación de Leone!". Cuando llegó al café, se sintió impresionado por su aspecto: una mujer joven y elegante, con una fuerte irradiación femenina, muy seria y atenta, casi sombría. Su figura le quedó impresa en la mente con la misma intensidad que antes sus versos, aunque la perdió de vista por los diez años siguientes. Una "Sara bíblica", que había seguido camino con sus hijos, imperturbable, incluso cuando el mundo a su alrededor se había derrumbado.

Natalia asistió con un par de amigos a un encuentro de antiguos partisanos en París. No bien se bajó del taxi, arreció una lluvia de flashes: por un instante, los fotógrafos la habían confundido con Anna Magnani. La tímida Natalia retrocedió unos pasos y luego se rio. En las películas del neorrealismo, Anna Magnani representaba a la mujer romana de pueblo, la que no se deja intimidar y –como mujer que no siente divisiones entre pensar, sentir y actuar– lucha contra los abusos y la injusticia. Tal vez los fotógrafos habían detectado una similitud interior.

Después de "La madre", pasó un tiempo largo sin escribir. De joven, había pensado sin pausa en su escritura. Las ideas para cuentos daban vuelta constantemente por su cabeza. Ya madura, se dedicaba con toda la energía a su tarea como editora. Giulio Einaudi, a quien ella consideraba el "editor ideal" por su olfato infalible, la apreciaba mucho. La consideraba "la conciencia crítica" de la editorial.

Un torbellino
1949-1951

En septiembre de 1949 Natalia viajó a Venecia para un congreso del PEN Club, que justo coincidía con una edición del festival de cine. En esa ciudad se reencontró con Gabriele Baldini. Se habían visto por primera vez cuatro años atrás. Mientras tanto, él había cumplido treinta años y "ya no se parecía a Robert Donat, sino más bien a Balzac". Había engordado, se había dejado la barba y llevaba "un maltratado sombrerucho de lana", aunque seguía usando sus camisas de franela a cuadros. "Todo en él parecía indicar un viaje inminente hacia el Polo Norte". Siguiendo los deseos de su familia, había estudiado literatura inglesa en lugar de ser director de orquesta, que era lo que él hubiese preferido. Era profesor universitario en Trieste; pero su pasión eran la música y el cine, así que también trabajaba como crítico y escritor. Su versatilidad y su franqueza atrajeron a Natalia.

A fines de otoño, Natalia escribió un ensayo titulado "Mi oficio", en el que describía su relación con la escritura desde la infancia y resaltaba su aspecto solitario: "Mi oficio es escribir y yo lo sé bien, y desde hace tiempo… Si hago otra cosa, si estudio una lengua extranjera, si intento aprender historia o geografía o taquigrafía, o si intento hablar en público o tejer o viajar, sufro… En cambio, cuando escribo historias, soy como alguien que está en su patria… Por lo demás, ni siquiera podría imaginar mi vida sin este oficio. Siempre estuvo; jamás me abandonó, ni por un segundo, e incluso cuando lo creí adormecido, sus ojos alerta y brillantes me estaban mirando". No sabía si lo que escribía tenía valor y tampoco le importaba pensar que era una escritora muy pequeña. "Lo juro". Lo único que no quería era compararse con otros; prefería pensar que "nadie fue nunca como yo".

Gabriele Baldini la visitó en Turín. Fue como "un torbellino". Llevó a Natalia y a los chicos a la ópera –"con los niños tan pequeños a ver *Tannhäuser*"– y les cantaba arias en la casa. A la madre de Natalia le cayó bien; la música los unía. El padre, como siempre, se mostró escéptico.

Luego Gabriele pasó a dar clases en Turín, por un tiempo, y los niños se dieron cuenta de que ya no compartían a la madre solo con el trabajo. Un día, Natalia les anunció que ella y Gabriele habían decidido casarse. Esta vez no dudaba de que se trataba de "la persona adecuada". "Después de un matrimonio feliz, se sabe exactamente cómo debe ser una relación para funcionar; no hay riesgo de equivocarse. Lo importante es no negar nada, quitar del camino cada piedra, cada punto de comparación".

El padre de Natalia viajó a Roma para conocer a los padres de su futuro yerno. Cuando se dieron cuenta de que ambas familias tenían conocidos en común, el hielo se rompió. El casamiento fue por iglesia, en la primavera de 1950, en Turín. Natalia se puso un sombrero muy grande. Sus hijos Carlo y Alessandra asistieron a la ceremonia católica. Andrea, en cambio, dijo: "No puedo ir, hoy tenemos que escribir una composición en la escuela". Al principio, las cosas no cambiaron mucho. Gabriele se mudó del hotel en el que vivía a la casa de Natalia y los niños. Ella mantuvo el apellido de su primer marido –"a Gabriele no le molestaba"– y continuó con su trabajo en la editorial. Como siempre, los miércoles a la noche se reunían para discutir proyectos y tomar decisiones. Pero el preferido entre sus amigos y colegas, Felice Balbo, que ya antes del matrimonio le había insistido para que se bautizara, se había ido a Roma con su mujer.

* * *

Pavese tenía una oficina para él solo; se retrajo cada vez más e incluso dosificaba sus comentarios agresivos. Estaba en la cima de su fama como escritor. En junio de 1950 recibió la noticia de que había ganado el Premio Strega, la distinción literaria más importante de Italia, por su novela *El hermoso verano*. Pero, para variar, estaba enredado en un amor desgraciado y solo refunfuñó: "Ya lo sabía desde hace cinco años". Como siempre, había previsto lo que pasaría.

"En el trato con nosotros, sus amigos, siempre tenía un dejo irónico. Pero nunca supo llevar esa ironía –tal vez una de sus mejores cualidades– hacia las cosas que más le importaban: ni a su relación con las mujeres de las que se enamoraba ni a sus libros. Solo la revelaba en la amistad, porque en él la amistad era un sentimiento natural y, de algún modo, irreflexivo, algo a lo que no le daba demasiada importancia. Con el amor y con la escritura caía en estados anímicos tan afiebrados y de una conciencia tan calculada que nunca lograba tomarlos a la risa ni ser del todo él mismo".

* * *

Viajó a Roma para recibir el premio y parecía cambiado: hasta sonreía. Pero dentro de él todo estaba más sombrío que nunca.

Cesare Pavese en 1950.

"Pavese se suicidó un verano en que ninguno de nosotros estaba en Turín. Había preparado y calculado las circunstancias para su muerte como alguien que prepara y decide de antemano el rumbo de un paseo o una velada. Durante años había hablado de matarse. Nunca nadie le creyó". Y una noche lo había hecho. En un hotel cerca de la terminal de Turín, a fines de agosto de 1950, había tomado una sobredosis de pastillas para dormir. Sobre la mesa de luz dejó una edición de sus *Conversaciones con Leucò*. En la primera página había escrito: "Perdono a todos y a todos les pido perdón. ¿Está bien así? No hagan demasiadas habladurías".

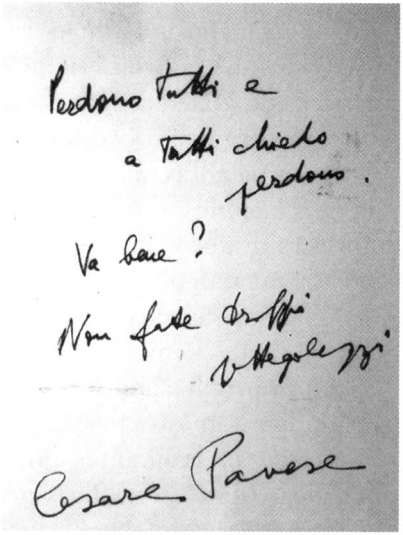

Nota de despedida de Cesare Pavese.

Natalia abandonó sus vacaciones de inmediato y volvió a Turín. Con la muerte de Pavese, perdía una parte de su propio pasado; había sido el mejor amigo de Leone. Y uno de los mejores amigos de ella. "Poco después de su muerte, fuimos a las colinas. En ese paisaje en el límite de la ciudad y al filo del otoño, que él amaba. Vimos llegar la noche de septiembre en las laderas llenas de hierba y en los campos arados. Éramos todos muy amigos y nos conocíamos desde hacía muchos años; personas que siempre habían trabajado y pensado juntas. Como pasa entre quienes se quieren y sufren una desgracia, intentábamos querernos más, cuidarnos y protegernos unos a otros, porque sentíamos que él, a su modo misterioso, siempre nos había cuidado y protegido. Estaba más presente que nunca en ese sendero que llevaba a las colinas".

* * *

En 1951, la revista *Cultura e Realtà* publicó el ensayo "Silencio", un texto moral y exhortatorio en el que Natalia advertía sobre el silencio como "uno de los vicios más extraños y más graves de nuestra época". El silencio había empezado como protesta e indignación frente a las grandes palabras de los padres. Y luego se volvió infranqueable. "Nos dimos cuenta de que las palabras nuevas no tienen valor. No sirven para entablar relaciones, son acuosas, frías, estériles. No nos sirven para escribir libros, mantener cerca a una persona amada ni salvar a un amigo". También la culpa, que da lugar al sentimiento de pánico, es uno de los vicios de nuestra época. "Y quien se siente atemorizado y culpable, calla". En ese ensayo criticó su propio silencio: "Está claro que no tenemos derecho a odiar a nuestra propia persona, ningún derecho a callar nuestros pensamientos a nuestra alma". Si bien no podemos elegir entre ser felices o infelices, "hay que elegir no ser *diabólicamente* infeliz. El silencio puede desembocar en una forma de infelicidad cerrada, monstruosa, *diabólica*: marchitar los días de la juventud, amargar el pan". El deber de cada uno es luchar contra eso.

* * *

Solía viajar a Roma para ver a su marido, que por entonces trabajaba allí. A veces, visitaban juntos a los Balbo, con quienes Gabriele también había trabado amistad, y hablaban de las épocas pasadas. "¿Recuerdas cómo hacíamos autocrítica? ¿Cómo ventilábamos todo?".

Cuando en septiembre de 1951 pasó unas semanas junto al mar en Varigotti, Liguria, recibía las actas de las reuniones de los miércoles y cartas diarias en las que se discutían los proyectos: una edición de los cuentos de los hermanos Grimm, seguir con Proust, reflexiones sobre Musil. Respondía detalladamente, dando instrucciones, hasta que por fin telegrafió: "No manden nada. Pasado mañana estaré en Turín".

Ya de regreso en la ciudad, volvió a escribir una novela corta, a pesar de que esta vez las ideas no le habían "estado dando vueltas por la cabeza". De golpe, se le apareció una figura, pero el desarrollo de la historia no estaba claro. "Sabía cuatro cosas sobre Valentino: que estudiaba medicina, que jugaba con gatitos, que se paseaba frente al espejo vestido de esquiador y que había algo escondido... Solo un tiempo después entendí: pero si es homosexual".

En *Valentino*, los padres soñaban con un futuro mejor para su hijo y se sacrificaron por él, mientras que el destino de las hijas quedaba supeditado al del hermano varón. Debía salir del ambiente pequeñoburgués y convertirse en un médico famoso. En cambio, Valentino perdía el tiempo con sus trajes (como Azalea en *El camino que va a la ciudad*) y, para espanto de todos, terminó casándose con Maddalena, una mujer mayor, fea, rica y enérgica que le permitiría continuar con su vida irresponsable. Después del suicidio de Kit, primo de Maddalena, algunas cartas suyas revelan que sostenían una relación homosexual. "Habría soportado cualquier cosa, cualquier historia con una mujer. Pero no esto", le dice Maddalena a Caterina, hermana de Valentino y narradora en primera persona que por un breve momento había fantaseado con una vida junto a Kit. Al final del relato, Caterina vuelve a vivir con su hermano. Los padres ya fallecieron, pero ella continúa la tradición y solo vive para él: "Lo sigo con los ojos cuando sale y me alegra que siga siendo tan hermoso. Me alegra su paso, que sigue siendo tan feliz, triunfal y libre, donde sea que vaya".

Turín, postal de mediados de los años cincuenta.

¡Date prisa en venir con los niños a Roma!
1952-1958

En 1952, Natalia comenzó a preparar su mudanza a Roma. Desde que Gabriele había sido convocado como profesor de literatura inglesa en esa ciudad, solo se veían de vez en cuando y querían volver a vivir como una familia. Cuando estaba en Turín, Baldini les cantaba arias a los niños con su bella voz y, guiñando un ojo, le decía a Natalia: "¡Vamos, canta tú también!". Y ella entonaba, fuerte y mal, el aria de *Lohengrin* que su madre solía cantarle durante el desayuno: "Nie sollst du mich befragen" [No debes preguntarme] y todos reían.

Encontraron un departamento en el barrio romano de Parioli. Natalia caminó una vez más por las calles de Turín y de pronto vio todo con otros ojos. La despedida de la ciudad y de sus padres no le resultó fácil. Su madre estaba furiosa porque tenía que entregar a "sus" niños. Pero no era de guardar rencores por mucho tiempo. "Ahí viene nuestra María de las Tormentas", le decía alegre a su nieta Alessandra cuando, a la mañana, aparecía de malhumor porque no tenía ganas de levantarse para ir a la escuela. Y dándose vuelta hacia Natalia: "Qué monstruo eres, ¡me quitas a mis niños!".

"¡Date prisa en venir con los niños!", escribió Gabriele. Los niños –de trece, doce y nueve años– no querían separarse de los abuelos ni de los amigos, pero al mismo tiempo estaban contentos: para ellos, la mudanza a Roma era una aventura.

Lo más difícil para Natalia fue despedirse de la editorial. Si bien iba a trabajar para la filial en Roma, sería totalmente distinto que en Turín. "La editorial que amaba era la que se asomaba al corso Re Umberto, a pocos metros del Caffè Platti y a pocos metros del hotel donde había muerto Pavese. En la editorial, amaba a mis compañeros: a estos y no a otros". Le costó adaptarse al ambiente nuevo. Extrañaba las discusiones permanentes con el editor y los colegas que conocía tan bien; se carteaban casi a diario y viajaba a menudo a Turín para las reuniones de los miércoles. Poco después de la mudanza, le escribió a Einaudi: "Me va muy bien aquí. Fui poco a la editorial; a partir de hoy quiero ir más, me voy a acostumbrar. La oficina está al mismo tiempo llena de gente y vacía. Un mar de personas va y viene por las alfombras, pero no las conozco". Se propuso escribir las introducciones, informes o textos por el estilo en su casa.

* * *

Mientras tanto, había vuelto a trabajar de forma intensiva en una novela "casi larga" que tituló *Todos nuestros ayeres*. El epígrafe eran unos versos de *Macbeth*: "And all our yesterdays have lighted fools / The way to dusty death" [Y todos nuestros ayeres iluminaron a los locos / La senda de la polvorienta muerte]. El libro fue publicado por Einaudi ese mismo año, 1952, y recibido como "el aporte de Ginzburg a la literatura de la Resistencia"; le otorgaron el Premio Veillon.

La tradicional feria de Epifanía (Noche de Reyes) en Piazza Navona, Roma, 1950.

Natalia Ginzburg recibe en 1953 el Premio Veillon.

En esa novela, "mis personajes habían perdido la capacidad de hablar entre sí. O, mejor dicho, hablaban entre ellos, pero ya no de forma directa. De pronto, los diálogos en discurso directo me resultaban odiosos". Por lo tanto, la novela está escrita en tercera persona. Narra la historia de dos familias burguesas sobre el trasfondo de los años de fascismo, justo antes y durante la guerra, hasta la Liberación. Es una crónica de la vida cotidiana en la que todas las certezas y los puntos cardinales se van deshaciendo de a poco, y se pierden las esperanzas cuando la violencia de los hechos arremete con brutalidad en la vida de todos. Un "lamento monocorde" contado, otra vez, por una muchacha: Anna, en apariencia un personaje marginal. El escenario de la primera parte es una ciudad de provincia en el Norte, donde Anna, tras la muerte de su madre y, enseguida, de su padre, debe arreglárselas sola con sus hermanos y una tía. En la segunda parte, luego de haber quedado embarazada del hijo de sus vecinos, se casa con Censo

Rena, un generoso, caótico y vital amigo de su padre; vive los últimos años de guerra, las persecuciones, la Resistencia y la muerte del marido en un pueblo del Sur, hasta que finalmente llega la Liberación. Después de la guerra, los sobrevivientes se reúnen: "Y estaban contentos de estar juntos y pensar en todos aquellos que habían muerto y en la larga guerra y en el dolor y en el estrépito y en la vida larga y difícil que ahora tenían por delante y que estaba llena de todas esas cosas que no sabían hacer".

"El retrato sentimental de una generación": así definió el crítico literario Geno Pampaloni a *Todos nuestros ayeres*.

"Leo este libro y lo disfruto mucho" –le escribió Luciano Foà, de la Einaudi de Turín, en diciembre–. "Parece escrito de un tirón y, en mi humilde opinión, es una de las pocas novelas bellas publicadas en la Italia de posguerra. Lo has hecho realmente bien".

* * *

Poco a poco, Natalia se acostumbró a Roma. Por primera vez en mucho tiempo debía ocuparse de gestionar una casa y a la mañana, por teléfono, intercambiaba opiniones sobre cuestiones prácticas con su cuñada, un par de años más joven. Solían recibir visitas, como la de Cesare Garboli, que también se había hecho amigo de Gabriele.

Con su carácter impetuoso, Gabriele desordenaba el ritmo de vida más bien estricto de Natalia. Escuchaba música todo el día, mientras ella pedía algo de silencio cada tanto para poder escribir. A él le gustaba incluir en el menú un par de platos y vinos sofisticados, mientras que ella cocinaba bien y en abundancia, pero con sencillez. A veces, él sufría "misteriosos malestares" y se quedaba todo el día en la cama, tomaba bicarbonato y aspirina y se envolvía en la manta de modo que solo sobresalían "su barba y la punta de su nariz roja", mientras que ella, en palabras de él, estaba siempre sana como "esos monjes resistentes y robustos, que pueden exponerse sin riesgo al viento y a las inclemencias". A él le gustaba viajar y sentía curiosidad por otras ciudades, mientras que ella habría preferido quedarse siempre en su casa.

Postal de Via Veneto, Roma, hacia 1955.

A Gabriele le gustaba tener tres hijos para criar, a los que les podía abrir nuevos horizontes: pintura, música, vacaciones junto al mar. Natalia lo acompañaba a *vernissages*, al teatro, a conciertos y a la ópera, pero más que nada por un sentido del deber. "No entiendo nada de música, la pintura me interesa poco y en el teatro me aburro. Amo y entiendo una sola cosa en el mundo, y es la poesía".

En la ópera solía dormirse y Gabriele la despertaba cuando llegaban los momentos que consideraba claves para ella: "Nina, despierta, ahora viene el aria que te gusta".

La pasión que compartían era el cine, y a veces atravesaban toda la ciudad para ver una película que solo daban en algún lugar perdido en los suburbios.

Era inevitable que, de vez en cuando, todas estas características opuestas que solían unirlos los llevaran a fuertes peleas.

"Sus ataques de furia llegan de golpe y crecen como la espuma de la cerveza. Los míos también son repentinos. Pero los de él pasan enseguida; los míos, en cambio, dejan una huella quejosa y duradera, muy molesta, creo, algo así como un maullido amargado". Y a veces, también, algunos pedazos de platos y otra vajilla rota. Pero si, en lugar de tirar platos, ella lloraba, Gabriele rabiaba aún más. "¡Tus lágrimas son pura comedia!", resoplaba. "Tal vez sea verdad. Porque en medio de mis lágrimas y de su furia, me siento plenamente tranquila".

* * *

A mediados de los años cincuenta.

"Denme trabajo, no tengo nada que hacer", exigía en abril de 1953 a la editorial en Turín. De inmediato le llegaron montañas de pruebas para corregir, manuscritos y libros para evaluar. Natalia acababa de terminar su ensayo "Las relaciones humanas", que fue publicado en la revista *Terza Generazione*. Trata de las estaciones que atravesó en su camino hacia la adultez y al final dice: "Ahora ya somos tan adultos que nuestros hijos adolescentes empiezan a mirarnos con ojos de piedra: sufrimos por eso, aunque sepamos bien qué es esa mirada... a pesar de lo bien que sabemos cómo se desarrolla la larga cadena de las relaciones humanas, la gran parábola necesaria, el largo camino que nos toca recorrer para llegar a sentir un poco de compasión".

La familia se mudó al Trastevere. Los hijos mayores ya estaban en el instituto. "Creo que a los hijos no hay que enseñarles las pequeñas virtudes, sino las grandes. No el ahorro, sino la generosidad y la indiferencia frente al dinero; no la prudencia, sino la valentía y el desprecio frente al peligro; no la astucia, sino la franqueza y el amor por la verdad; no la diplomacia, sino el amor por el prójimo y la abnegación; no el deseo del éxito, sino el deseo del ser y del saber".

El 4 de septiembre de 1954, llegó al mundo su hija Susanna. Nació con hidrocefalia. Natalia y Gabriele la llevaron a Dinamarca para operarla. Sobrevivió, pero quedó minusválida, lo que fue un gran dolor para todos. Con ayuda de una enfermera, Natalia cuidó de Susanna en su casa. La enfermedad de la hija no le permitía pensar con tranquilidad en la propia muerte, escribió más tarde, ya en su vejez. Sin embargo, confiaba en la providencia, en el ángel de la guarda, en el afecto de sus otros hijos. Tras la muerte de su madre, Alessandra Ginzburg se hizo cargo de Susanna.

* * *

Natalia leyó *El diario de Ana Frank* en francés y le recomendó a Einaudi que lo publicara de inmediato. Dar a conocer –en especial a los jóvenes– documentos sobre la persecución a los judíos le parecía una necesidad fundamental. El libro salió en 1954 y ella escribió la introducción: Ana, "la única niña entre un montón de adultos, se siente en realidad como la única adulta, la única que de algún modo se prepara para morir: la única que, pensando en la muerte, busca algo que no sea puramente horror o pena; la única que intenta mirar más allá de sí misma, que empuja su propio pensamiento más allá del suceder monótono de esperanza y miedo; la única que busca en su propia historia un significado universal".

Como había temido, poco a poco el trabajo en la filial romana se le volvió una carga insostenible. A fines de 1955 renunció a su puesto fijo y, en cambio, firmó un contrato como asesora. "Claro que me apena un poco no ser más una empleada en serio", escribió a fines de diciembre a Giulio Einaudi, en una carta en la que le agradecía por el nuevo contrato. "Solo querría preguntarte si es posible agregar una cláusula que permita que, en el caso totalmente improbable de que algún día uno de mis libros tenga un éxito increíble, ustedes me den algo más de dinero, pongamos que a partir de la segunda o tercera edición; y esto solo para mantener esas esperanzas de riquezas imprevistas que, como sea, deben sostener a un escritor. También me gustaría que me envíen, como a todos los demás, una rendición anual de los libros vendidos. Por supuesto que, al revés, está claro que si no trabajo bien o les resulto una carga, deben mandarme al diablo (siempre con tres meses de preaviso)". Un tiempo después le escribió: "Muy querido Giulio, les quiero pedir que me manden ustedes un par de libros para evaluar, porque no sirvo como sabueso". Una de sus humildes subestimaciones.

* * *

A principios de 1957 se le ocurrió una idea para una nueva narración. Surgió la novela breve *Sagitario*. Esta vez, la estructura le dio mucho trabajo. De nuevo, casi no hay diálogos:

la historia de una viuda aburrida que se muda a la ciudad y quiere abrir una galería de arte, pero cae en manos de una estafadora que la deja sin un centavo; todo narrado en primera persona por la hija menor que, mirando hacia atrás, también incluye en la trama la vida de su hermana mayor y una violenta relación amorosa de la hija de la estafadora.

Todo en un "tejido demasiado apretado, demasiado construido", le pareció cuando terminó. Por supuesto, escribir siempre implica un esfuerzo, pero debería ser "un esfuerzo natural y feliz"; nunca "el esfuerzo triste y frío del pensamiento", porque si no se parecería demasiado al "de la hormiga… en su hormiguero". "Es imprescindible escribir y pensar con el corazón y con el cuerpo, no con la cabeza y con el pensamiento".

Sagitario fue publicado por Einaudi en el verano de 1957, en un tomo junto a "La madre" y el aún inédito *Valentino*, que también dio nombre al libro. El libro ganó el Premio Viareggio.

"Se trata de un relato en que suceden muchas cosas, pero no se percibe una fuente única de inspiración", se queja el estudioso Piero De Tommaso y, con eso, se acerca mucho a la autocrítica de Natalia. En su reseña Adriano Seroni también extraña las cualidades que solían distinguir la obra de la autora: "En definitiva, aquello que nos parecía la conquista fundamental de Natalia Ginzburg a lo largo de años de trabajo, aquel movimiento real de cosas y de personajes en la aparente calma y lentitud de la narración y la descripción, nos parece, de golpe, perdido, en favor de una ambición diferente, la ambición de poner de relieve, en la página, la realidad con la velocidad misma de sus catástrofes, y siempre registrar directamente el aullido, el sollozo o la risa, ya no dominados por la mano segura y tranquila de quien al escribir tiene que llevar cada elemento a las razones de su propio estilo".

En cambio, Kyra Stromberg escribió años más tarde, cuando salió la edición alemana: "Una voz inconfundible, queda e insistente: no decir nada más que lo que es y eso en forma de una contraseña".

* * *

En octubre de 1956, a los setenta y nueve años, la madre de Natalia falleció por un infarto del corazón. Había sido una mujer serena, independiente y fuerte; la pérdida afectó mucho a Natalia: "Nos pareció que el cielo se desplomaba y el aire se oscurecía". Pero no habló sobre el tema, más bien intentó consolar a los demás. La tristeza propia era algo que guardaba para sí o, al escribir, buscaba formas de llevarla más allá de lo personal.

Publicó un ensayo sobre Cesare Pavese, "Retrato de un amigo", en el que pudo expresar su pena por lo que había perdido. Hacía mucho que vivía en otra ciudad, explicó, y ya no podía imaginarse viviendo en Turín. "Pero cuando regresamos, nos alcanza con atravesar el vestíbulo de la estación y caminar en la niebla de las avenidas para sentirnos inmediatamente en casa; y la tristeza que la ciudad nos inspira cada vez que volvemos reside en este sentirnos en casa y al mismo tiempo sentir que no tenemos motivos para estar en casa; porque aquí en casa, en nuestra ciudad, en la ciudad donde pasamos nuestra juventud, nos quedan pocas cosas vivas, y nos reciben una multitud de recuerdos y de sombras".

Natalia y Gabriele decidieron comprar un apartamento en Roma, porque la vivienda que alquilaban les quedaba demasiado chica: la empleada doméstica dormía en la sala y uno de los chicos, en el escritorio. A la vez, en esa vivienda con los pisos de mosaico amarillo se sentían a resguardo, como en una "guarida".

La búsqueda resultó difícil, porque sus ideas eran muy distintas. Natalia quería una casa con jardín o un departamento en planta baja que se pareciera al de su infancia. Gabriele quería ambientes altos y vista hacia los techos, porque había pasado su infancia en el centro de Roma. Después de haber visto muchas opciones y tenido varias discusiones fuertes, un día pasaron por una callecita del centro, cerca del Panteón, y en una puerta vieron el cartel "Vivienda se vende". Así encontraron la casa nueva. Estaba en el piso más alto, abierta sobre los techos y sin un solo árbol a la vista. A Natalia le gustó porque quedaba muy cerca de la primera sede de la editorial Einaudi, allí donde, después de la guerra, había entrado y salido día tras día, construyéndose su propia "guarida". De pronto pudo imaginarse que el nuevo hogar se podría convertir en un refugio, un lugar donde vivir como "en una media vieja". En enero de 1959, nació otro hijo, Antonio. Tenía graves problemas de salud y vivió solo un año.

Las fuentes del recuerdo
1959-1963

A fines de 1958, Gabriele Baldini fue nombrado director del Instituto Italiano de Cultura en Londres. El 19 de diciembre de ese año, Calvino le escribió a Natalia: "Nos enteramos del nombramiento de Gabriele. Creo que voy a viajar a Londres a cada rato, para verte en la función de *dama della diplomazia*".

La familia se preparó para viajar. Baldini partió primero y Natalia lo siguió en abril de 1959. Carlo y Andrea estudiaban en universidades de ciudades diferentes y se quedaron en Italia. Alessandra iría al instituto en Londres.

Se mudaron a una casa entre Holland Park y Notting Hill Gate. Gabriele estaba muy ocupado con la organización de eventos y trabajaba en la edición de una versión anotada de las obras de Shakespeare. Además debía cumplir con varios compromisos de representación, de los que Natalia tampoco se podía evadir siempre. Él hablaba un inglés perfecto, mientras que ella, ya de vuelta, les dijo a sus amigos: "Viví dos años en Inglaterra y logré no aprender inglés". Pero exageraba, como le gustaba hacer. Leía en la lengua original las novelas de Ivy Compton-Burnett que Gabriele le había regalado. Le gustaba que estuvieran compuestas casi exclusivamente por diálogos, oraciones secas que iban y venían "como pelotitas de ping pong". También sabía que Ivy Compton-Burnett vivía en su mismo barrio y le habría gustado encontrársela alguna vez. Pero la ocasión no se dio. Le recomendó sus libros a Einaudi y también llamó su atención sobre las obras del joven dramaturgo Harold Pinter.

Postal de Londres, década de 1960.

En un pequeño cine de culto junto al Támesis vio las películas de Ingmar Bergman. Le parecieron "esenciales y preciosas" y le escribió cartas llenas de entusiasmo a su hijo Carlo. En las vacaciones de verano, Carlo y Andrea fueron a visitarla y pudieron ver juntos estas películas que todavía no se exhibían en Italia. "En un mundo como el nuestro, en que el deseo de narrar parece muerto y petrificado, Bergman era uno de los pocos que, con una generosidad ilimitada, prodigaba historias de personas y decía lo único que es indispensable decir, esto es, el modo en que las personas afrontan y soportan el dolor y la felicidad, la miseria, el miedo y la muerte".

Tras la partida de sus hijos, cuando la casa volvió a quedar en silencio, Natalia se sintió más sola que nunca. Londres, cubierta de hollín, la deprimía; los ingleses no le caían bien. A veces iba a Harrods y compraba carne para preparar un *arrosto al limone*, porque la comida inglesa le parecía triste y desabrida. A la mañana, cuando Alessandra estaba en el colegio, ojeaba diarios italianos viejos y revisaba las crónicas locales buscando nombres de calles conocidas.

* * *

En la primavera de 1961 volvió a sentir ganas de escribir. Pensaba en un cuento breve. Pero no bien empezó, los lugares de su infancia comenzaron a despertarse dentro de ella: Turín, el Piamonte. Toda su vida se había avergonzado de ellos, tanto como de su origen burgués, y los había desterrado de sus textos. De joven, había soñado con describir la avenida Nevski de Nikolái Gógol en lugar de las calles a orillas del Po; luego reconoció que solo se puede describir lo que se conoce y así se decidió por lugares imprecisos en los que siempre se podía entrever Turín.

Con su hijo Andrea.

"Pero ahora volvía a encontrarlos", los lugares de la infancia, "allá en Londres, nacidos de la nostalgia, ligados quién sabe cómo con los diálogos de Ivy Compton-Burnett, melancólicos –por lo lejanos– ¡pero a la vez festivos, tan cristalinos y límpidos!". A los lugares se sumaron las figuras de su niñez y empezaron a hablar entre ellas y con ella. Sintió una "alegría enloquecedora". Así surgió *Las palabras de la noche*. Casi no inventó nada. "La memoria era tan decidida y feliz que sin esfuerzo se sacaba de encima lo que no se le parecía. Me sentí tan contenta y tan libre, que usé apellidos: tan insignificante me pareció mi viejo rechazo a los apellidos, tan sencillo me resultó dejar atrás todas mis viejas aversiones y vergüenzas". Sin embargo, cuando ese mismo año *Las palabras de la noche* fue publicado por Einaudi, escribió una advertencia en la que aclaraba que los lugares no figuraban en ningún mapa y que los personajes eran inventados.

La novela describe el ascenso y la lenta caída de una rica familia de industriales piamonteses, los De Francisci. De nuevo, el trasfondo es el inicio de la guerra, la Resistencia y la primera posguerra; el personaje principal, que narra en primera persona, es una muchacha de la pequeña burguesía.

Cuando Natalia le envió el manuscrito a Italo Calvino para una primera lectura, este respondió con una larga carta a Londres:

"Querida Natalia, me gusta muchísimo. La leí de un tirón, es la novela más hermosa que has escrito. Esa percepción para las historias familiares, cómo se entrelazan las historias de las familias, es algo que a esta altura solo tú posees. Y la comprensión hacia los viejos y el crecimiento de los jóvenes, y cómo ese crecimiento se da con dolor. Triste, mortalmente triste…

Esa madre que pesa sobre todo el libro, sin que oigamos otra cosa que ese tremendo hablar suyo, es formidable.

Toda la historia del compromiso, y de la despedida, así, tan bien contado el ir muriendo de la cosa, solo con las oraciones breves de los diálogos, sin una sola palabra de introspección o comentario psicológico, jamás. Un modelo de conducta narrativa, de un rigor perfecto.

¿Un poco hacia atrás en el tiempo, en cuanto a estilo, a cadencia? ¿Un poco como en los años de la Tornimparte? Pero no, es absolutamente actual, esta es la línea. Y te admiro, porque, con todo el empirismo estilístico de estos años, le seguiste siendo fiel".

Y al final escribe: "También hay una profundización que podríamos llamar geográfica. De este Piamonte ahora estás lejos; antes lo difuminabas o lo generalizabas, siempre, y en cambio ahora te sale por todos los poros. Nunca había leído algo así, piamontés hasta las lágrimas. También el idioma, tan piamontés que hace sentir el Piamonte como una tumba: quien alguna vez entró está condenado a no salir jamás".

Intercambiar sus manuscritos y pedir la opinión del otro era parte de sus costumbres como escritores. Calvino, que al principio había incluido elementos neorrealistas en sus textos y para entonces experimentaba con formas mágicas y fantásticas, le envió en 1957 a Natalia una versión de *El barón rampante* con la nota: "Espero tu veredicto".

Italo Calvino.

El neorrealismo había llegado con la pretensión política y moral de trabajar por la verdad y por una descripción directa de la realidad. Pero pronto chocó con sus límites: "La realidad se había vuelto confusa e indescifrable". La frontera clara entre un mundo malo y otro bueno ya no existía y había que buscar otros caminos.

Sobre *Las palabras de la noche*, Italo Calvino escribió y publicó un largo ensayo crítico: "Natalia expresa su lirismo en la cadencia y en el enfoque de sus historias, construye su psicología a través del comportamiento y nunca comenta o interpreta en el sentido intelectual, a pesar de que sus historias transcurren casi todas en círculos intelectuales". Y también, en cuanto al uso de la primera persona: "El secreto de la sencillez de Natalia reside aquí: esta voz que dice 'yo' siempre tiene enfrente a personajes que considera superiores, situaciones que parecen demasiado complejas para sus fuerzas, y los recursos lingüísticos y conceptuales que usa para representarlos están siempre un poco por debajo de lo necesario. De este desajuste nace la tensión poética. La poesía fue siempre eso: hacer pasar el mar por un embudo".

En su reseña, Eugenio Montale preguntaba: "¿Palabras de la noche? ¿De qué noche? ¿Tal vez del crepúsculo de la burguesía? No creemos que Natalia se haya interesado mucho por el título de su libro. Lo que sin dudas le interesaba era darnos una historia sostenida por el bajo continuo del *gossip*, de la habladuría; una historia tan gris que después brilla en su claridad, una vez que los ojos se acostumbraron a esa uniformidad de color. Entre los escritores italianos actuales, no hay otro que, como ella, haya logrado bajar el tono sin caer jamás en la fotografía realista. Y es llamativo notar cómo en ella todo resulta tan increíblemente real aunque permanezca alejado, protegido por un vidrio, inaccesible; cómo en ella la poesía surge de la más desnuda desolación prosaica".

Con *Las palabras de la noche*, Natalia ganó el Premio Chianciano de prosa; el de lírica fue otorgado a Pier Paolo Pasolini por *La religión de mi tiempo*. La entrega de premios tuvo lugar el 30 de septiembre en Chianciano, en la Toscana.

* * *

A finales de los años cincuenta.

El contrato de Gabriele Baldini en Londres terminaba a fines de 1961. La familia regresó a Roma y pasó a vivir en el departamento comprado antes de partir, en Piazza Campo Marzio, con su gran salón con techo de vigas y chimenea y revestimiento de travertino en algunos ambientes. Gabriele los siguió poco después.

En febrero de 1962 nació Silvia, nieta de Natalia, hija de Carlo. Carlo se había casado con Anna Rossi-Doria, a quien conocía desde la infancia. Su padre había estado en prisión con Leone y luego le había contado de su muerte a Natalia.

* * *

En el verano de 1962, Natalia decidió reunir en un libro una serie de ensayos que había publicado entre 1945 y 1961 en *L'Unità, Il Politecnico, Il Mondo* y otras revistas. "Tu mejor libro", comentó Calvino, con quien intercambió muchas cartas sobre el proyecto. También discutió con Carlo el orden de los artículos. Su hijo se fue convirtiendo en un interlocutor cada vez más importante con quien hablar de lo que escribía. La recopilación fue publicada en el otoño de 1962 por Einaudi, con el título *Las pequeñas virtudes.*

"Reflexiones morales, análisis y polémica con el mundo actual, conciencia de la poética de la narrativa, retratos y discusiones, páginas de un escritor moralista y a la vez páginas de una autobiografía dibujadas con pluma refinada en los retratos conyugales de 'Él y yo'", escribió el crítico Claudio Varese.

Incluso los textos muy distintos en su estilo –porque fueron escritos en épocas diferentes– se leen casi como capítulos de una historia larga y continua; relatos hallados en los recuerdos, observaciones irónicamente actuales y ensayos confluyen en una crónica franca y personal.

"Ninguna vuelta atrás, ningún engaño" se puede encontrar en el ensayo que describe su camino como escritora –"Mi oficio"–, según dice otro crítico, Enrico Falqui; el texto contiene "toda la plenitud de verdad y responsabilidad que implica semejante confesión ante uno mismo y los demás".

Y el erudito Carlo Bo subraya el "deseo constante de entender, de liberar las cosas de sus envoltorios y, sobre todo, mirar a las personas con una luz más justa o, para ser precisos, menos injusta".

Para esta publicación, Natalia no había cambiado nada en los artículos, porque, como aclara en el prólogo, se sentía incapaz de hacer correcciones en retrospectiva; hacía rato que su cabeza estaba ocupada con otros proyectos. Desde que había vuelto a Roma, extrañaba Londres y "la nostalgia siempre se une al deseo de escribir".

* * *

El 15 de octubre se casó su hija Alessandra, de diecinueve años. Los tres hijos adultos de Natalia habían dejado la casa. "Son momentos difíciles para una madre. De pronto una está ahí con los brazos vacíos y el corazón lleno de cosas que no hubo tiempo de decir. Pero el trabajo siempre me ayudó". El día después de la boda, Natalia empezó a escribir un libro sobre su propia familia que, junto con *El jardín de los Finzi Contini* de Giorgio Bassani, se convertiría en *best seller* de esos años: *Léxico familiar.* Lo terminó poco antes de Navidad.

Como era su costumbre, escribía a mano, en el sofá, durante las primeras horas de la mañana, cuando aún reinaba el silencio. Terminaba un par de páginas y se las daba a Carlo, que justo estaba en Roma y las esperaba ansioso, como el lector de una novela por entregas. A veces, cuando leía, Carlo reía a voz en cuello, y ella también reía mientras escribía. ¡Le salía tan fácil! Gabriele era la otra persona a quien le iba dando las partes terminadas para que las leyera, y él las elogiaba.

Su intención original, escribir un par de ensayos sobre los modos de hablar en su familia, como antes había hecho Gabriele, se fue por la borda, empujada por una tormenta de recuerdos. "Así llegué a la memoria pura: con pasos furtivos de lobo, por caminos laterales, diciéndome que las fuentes de la memoria eran aquellas de las que jamás podría beber, el único lugar del mundo al que debía negarme a ir". Pero el tabú se había roto. "El temor sagrado a la autobiografía", que había sentido durante años, estaba superado. No inventó nada, y tampoco sintió que la frenara la preocupación por lo que dirían las personas retratadas en el libro y mencionadas con sus nombres reales. Su hermano Gino Martinoli, que durante la infancia había sido su hermano preferido y que bajo el fascismo tuvo que adoptar un apellido diferente que luego mantuvo, la visitaba seguido para aportar sus propios recuerdos. Su padre, en cambio, cuando se enteró de que estaba trabajando en un libro autobiográfico, le mandó una carta preocupada desde Turín: "Espero que no menoscabes la reputación de nuestra familia".

"*Léxico familiar* es una novela de rememoración pura, desnuda, descubierta y declarada. No sé si es el mejor de mis libros, pero seguro es el único libro que escribí en un estado de absoluta libertad. Escribirlo era para mí lo mismo que hablarlo. No pensé más en si comas sí o comas no, tramas ajustadas, tramas ligeras, nada de nada. Ya no sentía rechazo ni aversión. Y sobre todo, ni una sola vez me pregunté si escribía por casualidad. La casualidad había quedado completamente desterrada de mí".

"La forma abierta del registro" –reflexiona Alice Vollenweider en su epílogo a la edición alemana– "está indisolublemente atada a lo que se narra. *Léxico familiar* no pertenece al género de las memorias que buscan sobre todo la eternización de los recuerdos familiares: refleja las experiencias históricas del fascismo, la guerra y el caos de posguerra, que ponen en duda la unión de la familia; muestra cómo la familia de Giuseppe Levi, profesor de anatomía y judío, es asolada por la corriente política; cómo la cárcel, el destierro y la emigración separan a hijos, padres y parientes, debilitan los vínculos privados y dejan tras de sí personas individuales que solo tienen en común el recuerdo de las palabras y las frases de la infancia, el *lessico famigliare*". Estas palabras tienen un sentido fundamental: "Somos cinco hermanos" –dice el texto–, "vivimos en ciudades distintas, algunos de nosotros están en el extranjero, y no nos escribimos seguido. Cuando nos encontramos, podemos mostrarnos indiferentes y distraídos uno con el otro. Pero entre nosotros alcanza con una palabra. Alcanza con una palabra, una frase. Una de esas frases viejas que oímos y repetimos infinitas veces en nuestra infancia. Alcanza con que nos digamos: 'No vinimos a Bérgamo para andar de ronda' o '¿A qué hiede el ácido sulfúrico?' para recuperar de inmediato nuestros viejos vínculos y nuestra niñez y juventud, que están indisolublemente unidas a esas frases y a esas palabras. Una sola de esas palabras haría que nos reconociéramos como hermanos, uno a otro, entre millones de personas en la oscuridad de una gruta. Esas frases son nuestro latín, el vocabulario de nuestros días pasados; son como los jeroglíficos de los egipcios o los asirios y babilonios, el testimonio de un núcleo vital que dejó de existir pero pervive en sus textos".

El libro fue publicado por Einaudi en 1963. El éxito fue avasallador. Hasta ese momento, los libros de Natalia habían sido leídos y reseñados con interés y atención, pero, sobre todo, por lectores profesionales: críticos y otros escritores, de Italo Calvino a Eugenio Montale, de Geno Pampaloni a Pietro Citati, de Giorgio Bassani a Maria Corti. En ese momento se daba el "caso absolutamente improbable" que había conjurado en su carta a Giulio Einaudi a fines de 1955: sin esperarlo, conquistó a un público muy amplio.

"En un primer momento, el fervor de los colegas y los amigos, los consensos y las simpatías intelectuales, la atmósfera familiar de la editorial Einaudi rodean a la joven escritora de rostro serio y actitud áspera, tímida, lírica, 'pobre', antifascista, neorrealista" –escribe Cesare Garboli–. "Más tarde, después de *Léxico familiar*, las simpatías [de algunos críticos] se debilitan y surge cierta intolerancia, justo en el momento en el que la creatividad de Natalia Ginzburg toma conciencia de sus propias herramientas, cuando el estilo se vuelve más personal y ya no se expresa en las sombras, sino a plena luz del sol". Si el éxito comercial de *Léxico familiar* tuvo algo que ver en este cambio: esa es la pregunta que queda sin respuesta. El privilegio moral de los recuerdos de una familia antifascista y, en especial, la forma de retratarlos pueden haber tenido algo que ver, porque la novela autobiográfica pasa revista a todas las personalidades notables de la vida política, social y literaria de Turín entre 1925 y 1950, retratadas con una mirada desde abajo –Turati, el fundador del Partido Socialista, como "la gran sombra de oso"– y quizá este *understatement*, este humor, fue demasiado desconcertante para muchos.

Frente a colegas tan famosos como Primo Levi, Tommaso Landolfi y Beppe Fenoglio, Natalia Ginzburg ganó el Premio Strega de 1963. Poco antes, Oriana Fallaci le había pedido una entrevista. Un poco nerviosa, Natalia –con falda azul, blusa abotonada y chaqueta azul tejida– se sentó en el sofá, en la sala, y esperó. Cuando sonó el timbre, abrió, y Oriana Fallaci vio su cara tensa, dubitativa: "La cara de todos los judíos que

Natalia Ginzburg recibe en 1963 el Premio Strega, flanqueada por Maria Bellonci y Guido Alberti; a la derecha, la actriz Rossella Falk con su marido.

Con el actor Nino Manfredi.

Celebración por el Premio Strega: de pie, a la izquierda, Giulio Einaudi; sentados junto a Natalia Ginzburg, Lola Balbo y Giorgio Bassani.

aprendieron el terror al sonido del timbre". Natalia la hizo pasar y fue a la cocina a preparar café. Luego se sentó con ella en el sofá y cruzó los brazos. En medio de la entrevista, Alessandra llamó desde Pisa: "Alessandra, por favor, no dejes cerrada la ventana cuando prendes la estufa de gas en el baño". Luego Carlo: "Por favor, ponte la chaqueta de lana a la noche, Carlo, sabes bien que uno también se puede resfriar en verano". Entró Andrea, que acababa de hacer su doctorado y estaba visitando a su madre: "Andrea, querido, te pido que no te quedes a escucharme. Andrea, saluda a la *signorina* y sal. ¿Me harías las compras?". Oriana le dijo que le recordaba a su tía sin edad, tan sencilla, en falda y blusa, con unos pocos hilos blancos en el pelo negro. "Sí" –dijo Natalia–, "con vestidos de verdad me veo muy fea... Tal vez me compraría unos quinientos, porque soy una derrochona y no creo en el ahorro, ni con el dinero ni con cuestiones espirituales. Uno nunca debe guardarse dinero, sentimientos o ideas, porque después ya no son útiles". Hablaron largo rato y abiertamente. Por pedido de Fallaci, Natalia buscó una foto de Leone y escribió en una hoja el poema que le había dedicado. No lo quiso leer en voz alta.

"Leone era sereno, equilibrado, de humor constante y sin estallidos de furia, jamás" –dijo–. "Gabriele es muy distinto... Es un estallido de cambios constantes; al mismo tiempo escribe a máquina, escucha un disco, sale de compras, se peina la barba: un torbellino". Luego la conversación se dirigió hacia las escritoras. Cuando era joven, Natalia había querido escribir "como un hombre" y tenía miedo de ser "empalagosa" y sentimental. Una vez había llegado tan lejos como para escribir un cuento con un protagonista masculino en primera persona. Pero después del nacimiento de sus hijos se dio cuenta de que las mujeres les ganan a los hombres por una experiencia que las hace fundamentalmente distintas. "En su mayoría, las escritoras no logran separarse de sus sentimientos cuando escriben, no saben mirarse a sí mismas y a los demás con ironía. La ironía es una de las cosas más importantes del mundo: hasta el amor está mezclado con la ironía, siempre, hasta el conocimiento; pero las mujeres parecen no saberlo. Ellas siempre están empapadas de sentimientos; no conocen la distancia. Eso. Hay pocas escritoras que me gusten: por ejemplo, la Virginia Woolf de *Al faro* y Elsa Morante y una italiana del siglo XIX, que se llamaba Marchesa Colombi y escribió un libro titulado *Un matrimonio de provincias,* y una viejecita inglesa que se llama Ivy Compton-Burnett, que escribe todo con diálogos y cuenta las cosas más tremendas, las verdades más horribles, con elegancia y maldad… Una mujer debe escribir como una mujer, pero con la distancia y la frialdad de un hombre".

* * *

Dos noches después, en el ninfeo de Villa Giulia, se llevó a cabo la ceremonia del Premio Strega. Natalia no creyó que lo ganaría. Con un vestido de jersey negro con finos hilos plateados, un poco de rubor en las mejillas, apareció erguida y tímida entre tanta gente emperifollada. Cuando el conteo de los votos casi había terminado y quedaba claro que ella era la ganadora, su hijo Carlo comenzó a aplaudir. Enseguida, los aplausos fueron generales; subió al podio, turbada, recibió el cheque y se dejó fotografiar. Más tarde, celebrando con amigos, estaba radiante. No sabía si alguna vez volvería a escribir novelas, dijo. Había dado todo lo que tenía, dejando de lado solo lo que se refería a ella misma. Y solo podía escribir "si aparece algo". De momento se sentía completamente vacía: "Soy solo una ventana y dejo que entren libremente en mí sucesos e impresiones, sin esfuerzo y sin imponer una voluntad". Quería descansar.

* * *

Tras el éxito de *Léxico familiar,* la editorial decidió reeditar las novelas breves y primeros cuentos en un solo tomo. Natalia escribió un prólogo en el que contaba el proceso de gestación de esas obras. El libro recién apareció en septiembre de 1964, bajo el título *Cinque romanzi brevi*. El retraso la frustró. En junio de 1964 escribió a un colega de la editorial: "En el otoño pasado, ustedes me dijeron que publicarían todas mis narraciones en un volumen. Un libro así se habría vendido bien, creo. Pero tú sabes lo inestable que llega a ser el éxito de un autor. Este año lo tuve, un poco, y no habría que haber dejado pasar esa oportunidad. Ya en septiembre, el libro no se venderá tan bien". También le reclamó a Giulio Einaudi –más allá de la gratitud y la amistad, que "creo que, al menos de mi lado, no podrán ser borrados por nada"– pagos atrasados de regalías y descuido hacia los autores: "En la actitud hacia los escritores ustedes presuponen –y es una presuposición falsa– que el dinero que se gana con los libros no les pertenece en modo alguno a los autores, sino a ustedes solos... Y en algún momento se olvidan por completo de la figura del autor. Así, este, cuando les pide dinero, tiene la desagradable sensación de estar pidiéndoles un favor o un préstamo; en definitiva, de mendigar algo. Recuerden que los autores existen; y que, sin ellos, ustedes estarían bien muertos".

Pietro: –¿Dónde está mi sombrero?
1964-1968

En la primavera de 1964, Pier Paolo Pasolini le ofreció a Natalia Ginzburg el papel de María Magdalena en su película *El Evangelio según Mateo*. A ella le encantó la posibilidad de esa experiencia e hizo una actuación maravillosa, en la que aparece como una campesina. Gabriele actuó de uno de los apóstoles. La filmación se hizo en Matera.

Natalia Ginzburg como María de Betania, junto a Gabriele Baldini. En la película de Pasolini actúan varios amigos escritores (e incluso su madre, como María ante la cruz).

En mayo de ese mismo año, la revista *Sipario* organizó una encuesta entre escritores, preguntándoles su opinión sobre el teatro. "Me encantaría escribir una comedia" –dijo Natalia–. "Pero ni pienso en eso. Cada vez que intenté empezar una página con la frase 'Pietro: –¿Dónde está mi sombrero?', me morí de vergüenza y tuve que dejar de inmediato, porque sentía un rechazo profundo". Pero la cosa igual la tentaba. También recordó sus ambiciones de probarse como guionista: "Jugué mucho tiempo con la idea de poder trabajar algún día en guiones para cine. Pero nunca tuve la oportunidad, o no supe conseguirla. Él [Gabriele] trabajó en guiones, en otra época, cuando era más joven". Quizá prefería probar con guiones cinematográficos antes que con obras dramáticas porque, como espectadora, el arte narrativo del cine la había fascinado desde siempre. Y, además, porque no se exponía al riesgo de un contacto directo con el público.

Pero en esa época no se podía sacar de la cabeza la cuestión de las obras de teatro. Encima, la actriz Adriana Asti, a quien conocía bien, le había pedido que escribiera una pieza en la que ella –Asti– pudiera hacer el papel protagónico. En julio, sola en el campo y aburrida, volvió a intentarlo. "Pietro: –¿Dónde está mi sombrero?", anotó arriba en la página. Esta vez no sintió rechazo, todo lo contrario: "Giuliana: –¿Tienes un sombrero?", continuó y, al hacerlo, imaginaba la cara de Adriana con esa sonrisa irónica suya. Así nació su primera comedia: *Me casé por alegría*. Y le quedó claro cuál había sido el obstáculo hasta el momento:

"Cuando escribía algo que no era una novela, sino una pieza dramática, tenía ante mí a mis semejantes ya no como una nube oscura, sino como un grupo de gente real, corpórea, que me era ajena y, en cierto modo, hostil; y mi relación con este grupo de gente real, es decir, el público, no era profunda ni misteriosa, sino evidente, superficial y mundana, y una relación de ese tipo me incomodaba, me llenaba de timidez y rechazo. Así entendí por qué nunca antes había escrito obras para el teatro".

Me casé por alegría se estrenó en febrero de 1965 en el Teatro Stabile de Turín, con Adriana Asti como protagonista, y fue un gran éxito. En 1967, la obra fue llevada al cine; en 1986, se representó en el Atelier de París, con el título de *Adriana Monti,* y Nathalie Baye y Micheline Presle en los papeles principales.

Gabriele Baldini, Natalia Ginzburg, Elsa Morante.

A Elsa Morante la pieza no le gustó para nada. Invitó a Natalia y Adriana Asti a cenar a un restaurante y dijo, seria: "Voy a decirte la verdad". Si empezaba una conversación con 'voy a decirte la verdad', había que temer lo peor. "¡Tu comedia me parece superficial, tonta, dulzona, impostada y falsa!", continuó. Estaba realmente enojada con Natalia, que se sentía como si hubiese hecho algo terrible. La relación de Natalia con Elsa Morante era como la que tenía con su hermana mayor. Cuando alguna de las dos le hacía críticas, enmudecía. Pero ninguno de sus enfados dejaba secuelas. Después de los episodios se sentía "afectada y sorprendida, como un perro que cayó en un arroyo, pero vuelve a salir y se sacude el pelo". Natalia volvió a leer la obra con los ojos de Elsa, pero sentía cariño por el texto y no siguió el consejo de la amiga de desistir totalmente de la escritura de comedias.

* * *

A principios de febrero de 1965, con noventa y dos años, murió el padre de Natalia. Había llegado a leer *Léxico familiar*, se había enojado, pero también reído. "¡Si yo no grito tanto!" –había protestado–. "¡No es cierto, ni por asomo!".

En enero lo habían internado en el Ospedale San Giovanni de Turín, donde le diagnosticaron un tumor en el estómago. Rita Levi Montalcini, que hacía rato era una científica destacada, lo visitó. Se sentó junto a su cama. Él le tomó la mano con la suya, que aún tenía la fuerza de un hombre joven. "Moriré dentro de dos semanas" –dijo–. "No lo lamento, incluso me alegro. Ya viví demasiado". Hablaron durante tres horas, mientras se iba poniendo oscuro en la habitación. "Sin hacer el intento de contradecir el diagnóstico ni su certidumbre de una muerte inminente –la costumbre de treinta y tres años me había enseñado lo inútil que habría sido–, le pregunté si sufría" –escribió Rita Levi Montalcini–. "'Sí', respondió él, 'no tanto por el estómago como por la gangrena que se extendió desde el pie hasta el tercio inferior de la pierna derecha'. Siete años atrás, a sus ochenta y cinco de edad, le habían amputado la pierna izquierda por encima de la rodilla, dada su insuficiencia circulatoria. Él, un caminante y escalador apasionado, había tomado este grave impedimento con un estoicismo que nos llenaba de admiración. Cerca de un año antes había perdido –por un infarto– a su compañera de vida, Lidia, a quien adoraba; el sufrimiento psíquico por esta muerte, que de pronto lo había privado de la persona que más quería, cedió cuando el dolor físico se impuso…

Con la tenacidad que aplicaba a todo lo que hacía, aprendió a caminar de nuevo con ayuda de un bastón y una prótesis. Subía y bajaba las escaleras y rechazaba con desprecio la ayuda presurosa de sus asistentes y amigos, a quienes alejaba de un manotazo cuando intentaban ofrecerle el brazo como apoyo". En la visita, también se puso a hablar del trabajo de su antigua alumna y demostró estar muy al tanto. Cuando la habitación estuvo totalmente oscura, se despidieron. Falleció dos semanas más tarde, tal como lo había previsto con tanta lucidez y desapego.

La relación de Natalia con su padre estuvo marcada hasta el final por "el miedo sagrado" que había sentido frente a él cuando era chica. Sus hijos, en cambio, tenían una relación cálida y fresca con el abuelo, ya que este podía mostrarles su cariño más abiertamente, sobre todo a Alessandra, que de niña incluso había llegado a acompañarlo al Instituto en Turín.

Para el entierro llegaron todos los hermanos: Gino desde Ivrea; Paola, que después de la guerra se había separado de Adriano Olivetti y en ese entonces vivía con el escritor y psiquiatra Mario Tobino, desde Florencia; Mario, que después de la guerra también se había divorciado de su primera mujer, Jeanne Modigliani, y se había vuelto a casar, desde Francia; y Alberto, que seguía viviendo como siempre con su familia en Turín. Tan dispares como eran las vidas de cada uno para entonces, alcanzaban unas pocas palabras para que la infancia en común, el padre y la madre, volvieran a la vida.

* * *

Hacía rato que Natalia ya no pasaba el verano en la montaña, sino junto al mar. Gabriele había comprado un terreno al norte de Sorrento y construido una casa. Quería que se pareciera a la casa –vieja– en la que de niño solía pasar sus vacaciones, pero terminó siendo una casa moderna. La decoraron con muebles de estilo *art nouveau*. Estaba situada en una posición muy alta, muy lejos del mar y del pueblo y solo se podía llegar con el auto. "¿Qué te parece, debería sacar el permiso para conducir?", preguntó Natalia, dubitativa. "¡Pero no! ¡Igual jamás lo lograrías!", respondió Gabriele. "Creo que le gusta que yo dependa de él para muchas cosas", pensó Natalia y no insistió.

* * *

En noviembre, alentada por el éxito de su primera pieza, escribió la comedia *El anuncio*, que ganó el Premio Internazionale Marzotto. Fue estrenada en 1968 en el National Theatre de Londres, bajo la dirección de Laurence Olivier y con Joan Plowright en el papel principal. Las críticas fueron casi todas negativas. A pesar de eso, Natalia estaba contenta y orgullosa, tanto por el director como por la actriz; el estreno, para el que viajó a Londres junto con Gabriele, fue para ella una ocasión feliz.

En 1970, *El anuncio* llegó al Teatro delle Arti, en Roma, con colaboradores no menos ilustres: Adriana Asti volvió a actuar como protagonista y la dirección estuvo a cargo de Luchino Visconti.

En octubre de 1966 escribió una tercera pieza dramática, *Fragola e panna* [Frutilla y crema]. Y una cuarta, *La secretaria*, en abril de 1967. Fue estrenada ese mismo año en Roma.

A los hijos de Natalia, estas obras no los entusiasmaban especialmente. Eran comedias "que a uno lo duermen de pie", dijo Carlo. De todos modos, admitía que en el teatro, "del aburrimiento", siempre le daba "como una sensación de picazón y sudor".

Las obras fueron publicadas por Einaudi en un tomo llamado *Ti ho sposato per allegria e altre commedie*.

"Su lenguaje, su estilo teatral, se enriquece; sus personajes se mueven cada vez con más soltura en el escenario: el juego da lugar al drama" –explica Elena Clementelli–. "Las fronteras entre narración y teatro se borran, 'la tragedia de lo cotidiano' vuelve a dominar, prosiguiendo bajo la luz de los reflectores el doloroso, irónico, amargo y cruel discurso de los cuentos y novelas. Giuliana, Teresa, Barbara, Titina, Sofia, las mujeres del teatro de Natalia Ginzburg, son hermanas de Delia, Anna, Caterina, de todos esos personajes femeninos a veces sin nombre que viven, aman, lloran y amenazan en las novelas; y todas representan los problemas y las tragedias de una sola mujer, arquetipo de múltiples facetas, siempre fiel a sí mismo".

* * *

Entre tanto, Natalia ya había sido abuela por cuarta vez. En septiembre de 1963 Alessandra había dado a luz una niña, Barbara. En octubre de 1966 nació la segunda hija de Carlo, Lisa, y un mes más tarde, en los Estados Unidos, Simone, el hijo de Andrea. Andrea se había casado con Marina Rossi-Doria, hermana de la esposa de Carlo, y en esa época vivía en Boston. Natalia estaba feliz con esa "dulce descendencia" e, igual que a su madre, le preocupaba el bienestar físico de sus nietos.

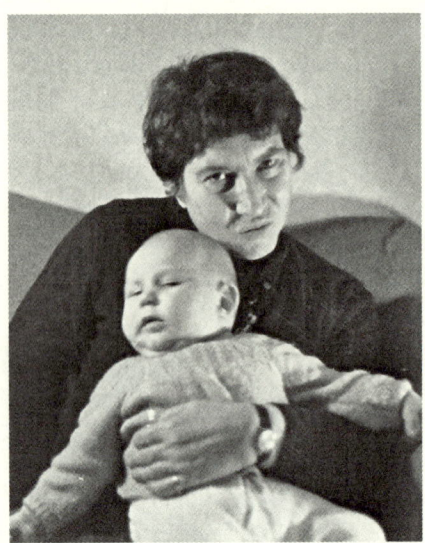

Natalia con su nieto Simone.

En la primavera de 1967 viajó con Gabriele a los Estados Unidos, porque conocía al hijo de Andrea solo por fotos. Era su primer vuelo intercontinental. "Pasado el mediodía, durante las muchísimas horas de tarde, el avión zumbaba aparentemente inmóvil en un cielo de un azul intenso y sobre flancos de nubes blancas donde el sol ni soñaba con ponerse; hasta que, de pronto, hubo lluvia y noche cerrada". Mientras iban desde el aeropuerto hacia casa de Andrea, en medio de una fuerte tormenta, Natalia recordó de golpe un libro que había leído a los nueve años y que transcurría en Boston. La ciudad real no le pareció tan distinta de la de su lectura infantil. A diferencia de Gabriele, no le daban curiosidad las ciudades ajenas. Ella quería ver a Simone. "Estaba despierto en su cama, llevaba un enterito de algodón blanco y jugaba con un gato aplastado, hecho con tela encerada roja. Tenía la cabeza sin un solo pelo y ojos negros irónicos, agudísimos y penetrantes". No bien llegaron, Andrea y su mujer les contaron su plan de viajar con el bebé a las Rocallosas. A Natalia le pareció un escándalo, los insultó y les rogó que no le hicieran algo así a un niño tan pequeño. En vano. Los dos siguieron con sus preparativos inquietantes, mientras Simone permanecía sentado en el porche, ajeno a todo y con la mirada "del Gengis Kan". Partieron y atravesaron juntos gran parte de los Estados Unidos. Luego, sus caminos se separaron. "Habría dado cualquier cosa por llevarme al niño conmigo a Italia, al campo, bajo la sombra de los árboles frondosos".

Unos días antes de volver, Gabriele le propuso a Natalia ir al cine. Anduvieron y anduvieron con el auto, hasta que ella de pronto le dijo: "Pero no estás yendo al cine, ¡me estás mostrando la ciudad!". Se había dado el gusto.

El verano volvió a encontrarlos en la casa sobre el mar. También sus hijos solían pasar un mes allí, con sus familias. Italo Calvino y otros iban de visita. Carmelo Samonà, viejo amigo de la familia, era un huésped bienvenido. Bajaban juntos a la playa, pero Natalia no se animaba a adentrarse mucho en el mar. Le gustaba meterse, pero no sabía nadar. Mientras los demás se iban lejos, ella se acostaba en una reposera y fumaba un cigarrillo Stop sin filtro. A la noche solía haber invitados; comían y bebían y todos la pasaban bien. Solo Natalia, que aun durante las vacaciones se levantaba a las cuatro para escribir, en algún momento se quedaba dormida en una silla. Si se despertaba, sonreía y decía un par de palabras, como si nada hubiese pasado; nadie se lo podía tomar a mal.

* * *

En 1968, Andrea volvió a Italia con su familia. Las universidades estaban en ebullición y había grandes marchas y peleas callejeras. Si bien Natalia no había renovado su afiliación al PCI desde principios de los años cincuenta, se sentía cercana al partido. Miró con esperanza la "Primavera de Praga" y el intento de Dubček de construir un "socialismo con rostro humano", que sin embargo, a los pocos meses, fue destruido brutalmente por los tanques soviéticos. En las discusiones con su familia sobre los levantamientos estudiantiles le preguntó a Carlo con escepticismo: "¿No te parece raro que sean todos hijos de ricos?". Su crítica iba en la misma dirección que la de Pier Paolo Pasolini, que en junio –al día siguiente de la manifestación en la que por primera vez los estudiantes no cedieron ante la policía, sino que pasaron al ataque– publicó en *L'Espresso* un panfleto ("¡El PCI a los jóvenes!") con los versos:

Cuando ayer… se dieron trompadas
con los policías,
¡yo simpatizaba con los policías!
Porque los policías son hijos de pobres…
Ayer, así, hubo un fragmento
de lucha de clases: Y ustedes, amigos (aunque del lado
de la razón), eran los ricos,
mientras que los policías (que estaban del lado
del error) eran los pobres. ¡Linda victoria, entonces,
la de ustedes!

Estudiantes pelilargos de la burguesía, que descargaban su odio contra las autoridades establecidas golpeando a jóvenes policías proletarios del Sur: para él, era el mundo al revés. Igual que Natalia, consideraba el "Mayo estudiantil" más como la lucha entre la generación vieja y la nueva que como un movimiento revolucionario.

Natalia seguía asustándose cada vez que se le acercaba un policía, incluso cuando estaba con Gabriele en el auto y le hacían una multa inofensiva. Las experiencias de la persecución son inolvidables. Había sido una amenaza física y psíquica.

Pero a pesar de su postura crítica frente al movimiento del 68, toda su vida se vio atraída por la juventud. "Siento una gran tolerancia, una gran simpatía hacia los jóvenes de hoy; y me parece que tienen más cualidades que nuestra generación". Le gustaba la decisión que mostraban. Su propia juventud había estado marcada por las dudas y las inseguridades. Si bien su generación –eso creía– había logrado desarrollar fuerza interior, no había ganado autoridad; quizá seguía siendo demasiado joven y, en todo caso, incapaz de dar órdenes.

"No sabes imponerte", le echaban en cara sus hijos, aunque al mismo tiempo, cuando dejaban los nietos a su cuidado, le prohibían aplicar sus métodos de crianza aparentemente autoritarios.

* * *

Natalia había cumplido cincuenta y dos años y se miraba en el espejo. "Lo primero que envejece en las mujeres es el cuello", escribió en un artículo, "Le donne", que publicó en junio de 1971 *La Stampa*. Intentó abandonar su costumbre de lavarse la cara y el cuello con jabón. Ya no sabía qué ropa usar. Nada le daba más pavor que convertirse "en ese animal ridículo, antipático y triste llamado 'una mujer de mediana edad'". En vez de eso, mejor ser directamente una "venerable" anciana de bucles blancos como en los cuentos tradicionales. Pero ella no sabía tejer, bordar ni zurcir. Había odiado esas tareas cuando joven, como todo lo que le parecía insignificante. Nada había cambiado en ese sentido y se preguntaba por qué luchaba con "problemas tan idiotas".

En realidad se trataba de otra cosa. El presente le resultaba "inhabitable", "oscuro" e "indescifrable", apenas mostraba unas "huellas pálidas" de su mundo conocido. ¿Se acostumbrarían sus ojos alguna vez a esta oscuridad? ¿O daría vueltas a ciegas, como "un montón de ratones enloquecidos entre las paredes de un pozo"? ¿Los otros la seguirían considerando? Temía el aburrimiento de la vejez, la rigidez, "el fin del asombro": "Hasta ahora, avanzábamos por los años siempre encendidos por una curiosidad vivaz por aquellos que, de a poco, se volvían nuestros contemporáneos; ahora, en cambio, sentimos que avanzamos hacia una zona gris", había escrito ya en diciembre de 1968 en su ensayo "La vejez", también publicado en el diario *La Stampa*. "Y eso que siempre amamos la sed y la fiebre, las búsquedas inquietas y los errores. Pero pronto también nos estarán vedados los errores. Perderemos la capacidad de sorprendernos y también la de sorprender a otros". Se seguía sorprendiendo por la sabiduría y la prudencia con las que sus hijos se movían en el presente. Eso la volvía "humilde y a veces también cobarde" frente a ellos. A la vez, ellos estaban "acostumbrados desde la infancia a decirnos abiertamente que nunca habíamos entendido nada". Quizá incluso amaban este mundo cambiado. "Así medimos las inmensas distancias que nos separan del presente, vemos cómo desataríamos cualquier lazo con el presente si todavía no estuviésemos enredados en las enmarañadas y dolorosas tramas del amor". Y se sorprendía por la calma con la que, a pesar de todo, se preparaba para pertenecer a los "hierros viejos" o también a las "ruinas gloriosas". La pregunta más importante era: ¿seguiría escribiendo libros?

Por lo pronto, siguió escribiendo con regularidad sus artículos, críticas de cine y reseñas de libros para *La Stampa, Corriere della Sera, L'Unità, Il Mondo* y otras publicaciones.

Interlocutores
1969-1976

En junio de 1969 Gabriele Baldini enfermó de repente. Murió a los cuarenta y nueve años en el Ospedale San Giacomo de Roma, por una hepatitis viral.

La casa de Campo Marzio se hundió en el silencio. Cada mañana, al despertar, Natalia se sobreponía con coraje a ese silencio, se abalanzaba sobre las actividades del día, tomaba café y fumaba, trabajaba, hacía las compras. Los hijos fueron un apoyo. Alessandra acababa de regresar de Pisa a Roma y la visitaba regularmente para almorzar, con su hija. A la tarde pasaban los amigos. Pero a la noche, cuando se había ido incluso la empleada doméstica, la soledad le pesaba mucho.

Una tarde estaba parada junto a la ventana, esperando a su nieto Simone. Ya tenía más de tres años y acababa de tener una hermanita. Serio "como un pequeño emigrante" lo vio cruzar la calle de la mano de Andrea. "El mundo se le revelaba cambiante e inestable; tal vez en ella había surgido una precoz conciencia de que las cosas son amenazantes y fugaces y de que un ser humano debe bastarse por sí solo". Le pareció "un pequeño judío sin tierra, [que] cruza la calle con su bolso".

Carlo se mudó a Bolonia para dar clases en la universidad, pero viajaba todas las semanas a Roma para visitar a sus hijas. En esas ocasiones, se quedaba en lo de su madre. Para Natalia, la relación con los nietos era lo más hermoso del mundo.

Cuando había escrito algo, esperaba con más impaciencia las visitas de Carlo, porque "hay dos peligros que amenazan al que escribe: el de ser demasiado bueno y tolerante consigo mismo, y el de menospreciarse". Por eso resultaba vital la existencia de dos o tres buenos interlocutores: para no sucumbir a la vanidad ni al disgusto que produce "cadáveres de pensamientos, voluminosos, incómodos y pesados como pájaros muertos". Primero pensó que sus hijos nunca podrían ocupar ese papel, porque eran "hipercríticos y de una exigencia implacable" o, por el contrario, demasiado permisivos. Pero luego descubrió que sí era posible. Carlo se sentaba con ella en el sofá, leía lo que ella le daba, se levantaba de un salto y enseguida, "con arrogancia salvaje y alegre", le dirigía los peores insultos. A ella no le quedaba otra opción que reír, y él también reía. "La risa y la diversión saltaban de sus ojos de carbón, de su cabeza negra, despeinada y selvática. Creo que insultarme es uno de los placeres de su vida. Oír sus ofensas es, con seguridad, uno de mis placeres". El mayor elogio de su boca era: "No está mal". Las veces que Andrea leía algo, nunca la insultaba; su veredicto era "suave, sonriente, inexorable".

En cambio, a Cesare Garboli –con el que también seguía comentando sus textos y cuya sola presencia ya la estimulaba a escribir– le debía "innumerables consejos". Era posible que, no bien cruzaba la puerta, olvidara todo "para dedicar su atención a otras personas y otros escritos", porque "era inquieto y nada paciente". Pero mientras duraba la conversación, demostraba "extremada paciencia". E incluso después de largas ausencias "retomaba el diálogo como si nunca se hubiera interrumpido". Solo "perdía" siempre sus obras de teatro, y ella no sabía si antes o después de leerlas. Sobre esas piezas solía hablar con una amiga.

* * *

A principios de 1970, por iniciativa de Natalia, la editorial Einaudi publicó el libro póstumo de Gabriele Baldini, *Selva e torrente*. Giulio Einaudi le escribió: "Aquí el primer ejemplar del libro de Gabriele, que publiqué con especial 'simpatía'".

En mayo del mismo año volvió a escribir una comedia titulada *Diálogo*, esta vez "para nadie".

En el verano viajó a la casa en las afueras de Sorrento, pero sin Gabriele ya no la disfrutaba. Quería venderla y buscar otra, de acceso más fácil, de ser posible en un pueblo con farmacia, médico y un quiosco de diarios en un radio de doscientos metros y donde no hiciera falta caminar y luego tomar un bus para hacer las compras o ir a la playa.

También en 1970, Natalia Ginzburg reunió los artículos que había publicado desde diciembre de 1968 en el diario turinés *La Stampa* y algunos textos inéditos, en un libro titulado *Nunca me preguntes*, dedicado a Gabriele Baldini. Como epígrafe eligió un poema de Sandro Penna:

> Pero te quedas en el camino
> desconocido e infinito.
> Ya no le pides a tu vida
> más que seguir tal como es.

"Nunca logré llevar un diario" –explicó–; "estos textos tal vez sean algo así como un diario". Cosas que le pasaron por la cabeza con el correr de los años; relatos autobiográficos en los que siempre vuelve al punto de vista de los jóvenes que interrogan el mundo de los adultos; comentarios de libros y películas; críticas de teatro; reflexiones sobre la existencia o la no existencia de Dios ("Sobre creer o no creer en Dios") y el autorretrato crítico "Retrato de escritor": "En el momento en que quiere contar lo verdadero, se pierde en la contemplación de su violencia y su inmensidad... Le parece que inventar era para él como jugar con una camada de gatitos recién nacidos; contar lo verdadero es para él como moverse en medio de una manada de tigres". Pero "en los mejores momentos" escribir "era y es para él como habitar la tierra".

Igual que en *Las pequeñas virtudes*, también en estos ensayos Natalia Ginzburg se niega a adaptarse a las reglas del pensamiento masculino o a recurrir a lenguaje específico. No le interesaba medirse con otros ensayistas en el terreno de ellos, sino que, con una metodología instintiva, partía siempre de su propia experiencia. Eso sí, escribió Cesare Garboli, es admirable su capacidad de "hacer coincidir la sinceridad, la más absoluta sinceridad, con la reticencia". Es una característica "inconfundible", un "elemento estilístico inimitable" el modo en que siempre logra hablar de sí misma sin decir nunca algo sobre sí misma. "¿Qué otra cosa es la reticencia, sino la herramienta ambivalente que nos permite expresar, sin decirlo, la totalidad de lo verdadero?".

Como los problemas con Einaudi persistían –"Una vez que el libro está impreso, la figura del escritor desaparece en el reino de las sombras"–, el libro salió por Garzanti.

* * *

En mayo de 1971 formó parte de una delegación que viajó a Rusia, la patria de Chéjov y de Leone. Pero viajar seguía sin ser lo suyo. Natalia era un "animal sedentario", de esos que temen "subir a un tren o a un avión equivocado... llevar ropa inadecuada y haber hecho mal las valijas"; esos que en la ciudad desconocida se refugian en la habitación del hotel como "en el regazo de una madrastra, donde no encuentran ni una pizca de afecto, pero donde igualmente buscan la única tibieza que la vida podría ofrecerles". Estar de viaje la hacía pensar en huidas y en emigración; ni siquiera el viaje de regreso le resultaba un alivio: los "viajeros torpes" como ella sospechan que, "durante su ausencia, en los lugares de siempre ha irrumpido algo extraño y hostil". Solo cuando estaba de nuevo en su casa y había retomado sus costumbres, podía sentir un "tenue placer" recordando las impresiones acopiadas en el viaje.

Mientras deshacía las maletas y ordenaba los cajones, pensaba en su madre y tarareaba el aria de *Lohengrin*, bastante mal (lo sabía, pero cuando estaba sola no le importaba). "A veces tengo la sensación de que quizá amo la música y la música no me ama. Quizá estaba a un paso de mí, y no supe o ella no quiso cruzar esa breve órbita". Su sentido musical se manifestaba en su fraseo, elogiado por los críticos. Y cuando recordaba arias que en la ópera había escuchado llena de atención, sin dormirse, la atravesaba "un temblor, un temblor de alegría y de frío que, tal vez, es el amor por la música que llevo dentro".

Postal de Piazza del Popolo, Roma, 1970.

Volvió el verano y todos empezaron a hacer planes para las vacaciones. "Odio el verano" –le dijo Natalia a la hermana de Gabriele, con la que hablaba por teléfono todas las mañanas–. "Los que están solos de pronto tienen la exacta dimensión de su soledad… La luz del verano ilumina despiadadamente nuestro silencio, nuestra persona inmóvil, rodeada por catástrofes antiguas y nuevas". Odiaba la ciudad vacía, la interrupción del ritmo cotidiano, los cines que en agosto solo pasaban películas malas. Se sentía "en el banquillo de los acusados", como "en un interrogatorio de última instancia". Solo a fines de agosto, con la llegada de las primeras tormentas de otoño, se terminaba "la pesadilla". En otoño también solía escribir.

Antes de Navidad, el caos de Roma, que siempre parecía una gran superficie de piedra, se cubría de arbolitos artificiales, guirnaldas de luces, nieve de algodón, alfombras rojas y figuras de Papá Noel. Pero la ciudad desconocía el frío, la nieve y el hielo como los que había en Turín; los "símbolos del invierno" tenían el efecto de "brillantes falsos y adornos baratos, como los tapados de piel vistosos y harapientos de una puta pobre". Mientras buscaba regalos de Navidad, Natalia pensaba en su propia infancia. En su familia judía no había tenido arbolitos de Navidad, pero siempre había visitado con entusiasmo a las amigas que sí los armaban en sus casas. En el invierno de su larga enfermedad fue imposible hacer esas visitas; para consolarla, la madre le prometió que le compraría uno. Pero cuando se decidió a concretar su propósito ya se había hecho marzo y no quedaban más arbolitos en ningún lado. Así que llevó a casa una especie de palmera, en la que había colgado caramelos atados con hilo blanco. Natalia se indignó. Todos los años para Navidad recordaba esa desilusión, pero sonreía. "Como la desilusión no había sido producto de la indiferencia del otro, sino de su distracción o desorden, creo que fue saludable para mí, porque aprender a soportar desilusiones es lo que tenemos que hacer una y otra vez, durante toda nuestra vida".

* * *

En 1972, la editorial Einaudi propuso publicar una edición anotada de *Léxico familiar*, destinada a alumnos de la escuela media. Natalia estuvo de acuerdo, pero quería que llevara la menor cantidad posible de notas. "Si los alumnos no saben quién era Dante, ¡que su profesor se los explique enseguida!", escribió a la editorial en marzo, irritada. Tampoco Proust podía tratarse en dos palabras, así que mejor concentrarse en la información fáctica.

En mayo de 1972, Italia llamó a elecciones parlamentarias anticipadas, por primera vez después de la guerra. Natalia Ginzburg escribió un artículo sobre el resultado, manifestando su sorpresa al comprobar que todos los partidos decían haber ganado, incluso cuando habían perdido. "Si yo estuviera a la cabeza de un partido derrotado, en caso de perder, iría de esquina en esquina vociferando que perdimos. Creo que la verdad –tanto en la política como en otros ámbitos– sana y fortalece". Admitía su incompetencia –"Hay personas que no entienden nada de política. Me cuento entre ellas"–, pero solo para continuar con absoluta seguridad: "Las personas que entienden la política ni siquiera imaginan cómo son quienes no entienden nada al respecto. Por eso, querría explicarles cómo son, ya que lo sé". Los acontecimientos políticos no le eran indiferentes, al contrario: "A veces sucede que ardo de odio o de indignación o de aprobación y pasión". Cuando iba a votar, tenía la sensación de tener que "darle la mano a un partido o besarlo en las dos mejillas"; por eso su voto era "emocional y ciego" y solo se regía por sus simpatías. Lo que ella quería era "un gobierno vaporoso, liviano, invisible, un gobierno débil". Pero en realidad, en la vida pública siempre "hay griterío, abusos, mentiras de todo tipo" y era evidente que en el escenario ruidoso y sanguinario de la política no había lugar para lo débil, "para un gobierno sin armas, fundado únicamente sobre valores espirituales como la justicia, la verdad y la libertad". La palabra "verdad" casi no se usaba y, "en cuanto a la libertad y a la justicia, te dicen que es necesario defenderlas durante un tiempo con las armas, con las autoridades policiales y con las prisiones, te dicen que es indispensable defenderlas por la fuerza, y por nuestra parte tenemos un deseo irreprimible de debilidad".

Contra la violencia como único método policial posible se explayó, también, en ocasión de la masacre de los Juegos Olímpicos de Múnich en 1972, cuando, después de que el grupo palestino Septiembre Negro tomara de rehén a la delegación de deportistas israelíes y tras el intento fallido de rescate, murieron todos, tanto rehenes como captores. En su artículo "Los judíos", escrito el 14 de septiembre de ese año, sostuvo: "Cuando en el mundo sucede una desgracia, nos da por pensar cómo habríamos actuado nosotros… Si yo hubiese sido Golda Meir, habría liberado a los doscientos presos, como pedían los guerrilleros... Si yo hubiese sido el jefe de la policía alemana, habría permitido que los guerrilleros se fueran ilesos... Si había al menos un átomo de posibilidad de que uno de los nueve rehenes lograra salvarse, todos debían contemplar ese átomo como esencial". Porque con eso se le habría dado "al mundo una lección no de debilidad, sino de fortaleza", de fortaleza de espíritu. Subrayó su reacción personal: "Soy judía. Todo lo que se refiere a los judíos siempre me parece que me involucra de forma directa". Pero entre la muerte de los rehenes israelíes y la de los niños de entonces en Vietnam no hay diferencia, salvo que todos los días vemos morir chicos vietnamitas en la televisión y ya nos hemos acostumbrado.

Que en Vietnam había guerra y que los Juegos Olímpicos debían representar "una isla de paz" era algo que ella no aceptaba como argumento. La sangre de los judíos no era distinta de la de otras personas. En algunas ocasiones también ella había pensado que "los judíos de Israel tenían derechos y superioridad sobre los demás, por haber sobrevivido a un exterminio". En ellos amaba "las memorias del dolor, la fragilidad, el paso errante y los hombros doblados por el miedo", pero llegados a esa instancia, con ayuda de "armas, dinero y cultura", reprimían a los árabes, "pobres campesinos y pastores". Podía resultar comprensible, pero a la vez era espantoso. Si uno fue testigo de la masacre de inocentes, tiene una sola opción: "Estar del lado de aquellos que mueren o sufren injustamente".

* * *

Hacía diez años –desde *Léxico familiar*– que Natalia no escribía una novela; había publicado comedias y se había involucrado cada vez más en la opinión pública en sus artículos, con aquella tercera persona que se convertía en su mejor recurso en los ensayos pero que no quería instalarse en sus textos narrativos. Le parecía que ya no era posible escribir novelas. "Pienso que la acción de inventar, que antes debía ser exuberante y vital, hoy solo nos muestra nuestras privaciones más dolorosas: la ausencia de relaciones con el prójimo, la ausencia de futuro, la ausencia de valores morales y, en definitiva, nos da la medida misma de nuestra impotencia y soledad".

De todo eso trató su nueva novela, *Querido Miguel,* que Mondadori publicó en 1973. Describe una familia pudiente de la burguesía romana, cuyos miembros, separados por la vida, ya no lograban reconocerse a través de las palabras de la infancia, como en *Léxico familiar.* Se escribían cartas en las que cada uno buscaba su propia verdad y que se leían como "fragmentos astillados en el vacío por una explosión tan silenciosa que se parece a una inexplicable enfermedad" (según Cesare Garboli). No es que cada uno hablara otro idioma, sino que "a duras penas cada cual consigue encontrar un idioma para sí mismo, como si hubiese terminado la época de intercambiarse mensajes y hubiese desaparecido para siempre el deseo de tener interlocutores". Surge la imagen desesperada de una "sociedad sin padres", en la que todas las certezas y los valores de la generación previa pierden credibilidad y dejan de ser transmisibles, y en la que los jóvenes llevan una "vida errante". Al final del libro, Miguel –Michele, el personaje del título, tal vez miembro de un grupo guerrillero o de izquierda– muere violentamente en una manifestación estudiantil en una ciudad extraña: "Un grupo de fascistas lo persiguió y uno de ellos lo apuñaló. Da la impresión de que lo conocían".

Una sensación creciente de inseguridad y un frío misterioso atraviesan la novela; la ironía ya no alcanza para defenderse de la duda, los miedos y la inquietud.

Había querido llamar las cosas por su nombre, dijo la propia Natalia Ginzburg en una entrevista: "Hoy, en un mundo irreal, en un desierto, uno se aferra a las piedras, las observa, mira cómo están hechas esas piedras. Porque hay muy pocas cosas de las que estamos seguros. El Alka-Seltzer, por ejemplo, es una cosa segura; otra, el Nescafé". Y prosigue: "En *Querido Miguel,* las mujeres están muy solas, y eso no quiere decir que en otra época las mujeres estaban menos solas, pero era distinto. Tenían hombres fuertes a su lado y eran, más bien, víctimas de los hombres. En nuestra época, con justicia, las mujeres dieron un gran paso adelante y, frente a este desarrollo, los hombres se sienten débiles".

* * *

El mismo año, a instancias de Natalia, Einaudi publicó un libro agotado desde hacía mucho tiempo, que ella había leído muchas veces a lo largo de su infancia, considerándolo además una escuela de escritura: el ya mencionado *Un matrimonio de provincias* de Marchesa Colombi. Cuando Einaudi se decidió a publicarlo, le pidió a Natalia que escribiera el prólogo. Ella intentó recordar las cualidades de la novela, pero le resultaban desconocidas, "como se desconocen las cualidades de los libros que nosotros mismos hemos escrito. Idolatrados y detestados, yacen en los pliegues más profundos de nuestra existencia… Lo que aquí me parecía extraño era un modo de describir a los personajes y los hechos sin presentarlos color de rosa o elevarlos a una esfera superior… Además, descubrí que cuando yo había pensado en escribir novelas, había tenido la esperanza de darles a los lugares y las personas los mismos rasgos amargos y alegres que tenían aquí. Pero no me había dado cuenta: seguía llevando la novela en mi memoria, y a partir de cierto momento dejé de prestarle atención consciente".

Dada su cercanía con la realidad, la había internalizado como si hubiera sido el recuerdo de una vivencia. Se alegraba de que volviera a las librerías y le intrigaba mucho la reacción de otros lectores.

La dificultad de ser escritor en las épocas que corrían era otro tema que la ocupaba. Había dos posibilidades para escribir novelas: una afectada y construida "como con la regla de cálculo" y otra en la que el autor reunía los jirones de verdad que encontraba a su alrededor. En cualquiera de los casos, la

misión era narrar la realidad; lo problemático era la relación con el tiempo, el elemento esencial de la narración. "La idea del tiempo le inspira odio. El presente le resulta hostil, no encuentra allí aire ni espacio, y el pasado le resulta hostil, porque descubre allí las raíces de todas las desdichas actuales; en cuanto al futuro, no tiene ningún tipo de sentimientos, porque no tiene la impresión de poder creer en el futuro". Por eso, el uso de los verbos es difícil; la tercera persona es peligrosa "como un tigre" y si uno intenta reemplazarla por la primera, enseguida aparece, como un obstáculo, la imagen de uno mismo. A pesar de todo, Natalia sabía que solo podía escribir diciendo "yo". Pero ya no debía ser un "yo" autobiográfico en el sentido más acotado. La salida estaba en la novela epistolar, en la que varios "yoes" podían tomar la palabra.

Se preguntaba por el significado que tenía la poesía en su sentido más amplio, o sea, entendida como lírica y prosa. "La existencia de la poesía no es útil ni inútil, sino obvia, injustificada e incomprensible como la realidad misma… No nos salva de error, no cura nuestras heridas, no ennoblece nuestras culpas y no da ningún tipo de instrucciones precisas sobre cómo comportarse frente a desgracias o catástrofes, individuales o universales". Pero cuando salía bien, tenía el efecto de un espejo que objetiviza lo subjetivo de la realidad.

Para Natalia Ginzburg, entre los verdaderos, grandes poetas de Italia, estaban Italo Svevo, Umberto Saba, Carlo Emilio Gadda, Eugenio Montale, Antonio Delfini, Elsa Morante y Sandro Penna. Amaba a algunos más, pero solo ante ellos le parecía "estar en presencia de la grandeza".

Cuando se publicó *La historia*, en 1974, escribió que para una autora de novelas era una experiencia maravillosa ver cómo Elsa Morante, "con inmensa generosidad y humildad", había creado para todos un mundo ilimitado, lleno de personas e ideas y sucesos. Al leer, de pronto uno sentía que podían pasar cosas que por mucho tiempo habían parecido imposibles. "Que las montañas se pararon de cabeza o que el mar cambió su color".

* * *

También en 1974 decidió publicar un nuevo libro de ensayos, con algunos de los artículos que había escrito entre 1969 y 1974 para *La Stampa* y el *Corriere della Sera*; como título le puso *Vita immaginaria*. Era el nombre de un texto sobre su relación con la fantasía, la realidad y la escritura, escrito especialmente para ese libro. El tomo fue publicado por Mondadori y estaba dedicado a sus amigos Lola Balbo y Cesare Garboli.

El propio Garboli escribía en la contratapa: "El primer escándalo de la Ginzburg (suprema provocación) es la inocencia apartada de la ingenuidad". Pero el escándalo real, la verdadera novedad de estos ensayos, consistía en el uso irritante de una inteligencia "diferente", una inteligencia femenina que infringía los códigos masculinos, que parecía despertar a cada rato de una larga hibernación gracias a la intuición y la comprensión rapidísima de ciertas conexiones.

"Caprichosa y dominante", la femineidad se imponía como una fuerza intelectual con sus propias reglas, vencía a la cultura masculina con sus propias armas. "¿Nuestra cultura es santurrona, escolar, 'hipotáctica'? Y bien, la Ginzburg es paratáctica, severa, impulsiva, emocional y traza coordenadas que son municiones en una escopeta. Así se dan vuelta los papeles. Los instrumentos femeninos se usan en defensa del hombre, pero de un hombre que ya no existe y cuya figura va desapareciendo de la faz de la tierra, cada vez más rápido. Como *Querido Miguel, Vita immaginaria* también es un adiós, un réquiem para la masculinidad".

En "La situación de las mujeres", un ensayo incluido en ese volumen, Natalia Ginzburg escribió: "No me fascina el feminismo como disposición del espíritu. Las palabras 'Proletarios de todos los países, uníos', me parecen clarísimas. Las palabras 'Mujeres de todos los países, uníos' me suenan falsas". Y en otro artículo sobre el tema subrayaba su rechazo hacia la competencia que el feminismo adoptó frente a los hombres; ser mujer no le parecía un motivo de orgullo. En su opinión, cualquier tipo de privación de la libertad –es decir, también la opresión de las mujeres por parte de los hombres– debía ser combatida entre todos allí donde aparecía, porque la opresión de individuos o determinados grupos era una mancha para toda la sociedad. "El compromiso civil, la solidaridad humana, el sentido de la justicia, la valentía" le parecían los valores decisivos de un partido o una persona, a pesar de estar viviendo en una época en la que la sola palabra "valor" ya resultaba sospechosa. Pero "los movimientos feministas nunca serán un partido político, porque mientras es muy posible imaginar un mundo regido por las fuerzas de una clase social específica y nueva, imaginar un mundo integrado exclusivamente por mujeres y regido por ellas es imposible, irreal y letal".

Ella no consideraba a hombres y mujeres como contrincantes, sino como esencialmente distintos. Hablaba en favor de la *diversità*: "La diferencia entre hombre y mujer es la misma diferencia que hay entre el sol y la luna o entre el día y la noche".

Sospechaba de la ideología, aunque compartía la mayor parte de las demandas prácticas del movimiento feminista. Cuando en 1975 comenzó la campaña por la legalización del aborto en Italia, Natalia Ginzburg escribió en el *Corriere della Sera*: "La legalización del aborto debe reclamarse, ante todo, por pura justicia. Es intolerable que mujeres pobres estén en riesgo de muerte o mueran al intentar abortos con agujas de tejer, mientras que las mujeres ricas pueden disponer de clínicas cómodas y no arriesgan nada, o casi nada". Estaba a favor de una ley justa, que no prohíba ni castigue, sino que ayude, aunque también aclaró: "Me parece hipócrita afirmar que abortar no es matar". Pero "si hay que elegir entre la muerte de una persona que tiene ojos, cara, voz, y la muerte de una forma sin voz ni ojos, es imposible no optar por lo segundo". La decisión, "en la que individuo y destino se enfrentan a oscuras", compete solo a la madre, porque se trata de "desgarrar una parte de sí misma, matar una parte de sí misma, arrancarse para siempre de sus propios miembros una específica posibilidad viva y desconocida... Semejante decisión no atañe a nadie, y menos que nunca a la ley... Porque en la zona de las posibilidades, escondidas en el vientre de la madre, ni la ley ni el código ni la sociedad ni los gobiernos deberían tener el mínimo poder de interferir".

* * *

En el verano de 1975 Natalia viajó por última vez a la casa de Sorrento. Sus hijos la acompañaron, como todos los años, con sus "dulces y rizados niños", para pasar las vacaciones juntos. Natalia seguía levantándose antes del amanecer, se hacía un café, fumaba y miraba cómo la neblina se iba disipando entre las vides. Los jóvenes aparecían más tarde, discutían un rato largo sobre a cuál playa ir y advertían a su madre que no perdiera el tiempo con cosas inútiles como limpiar y ordenar, abandonándose a "su turbio amor por las tareas del hogar". Se trataba de "una señal lamentable de vejez y esterilidad, una coartada"; en cambio, debía "leer, ocuparse de política, cultivarse". Natalia respondía con una sonrisa: "No entiendo nada de política" y, no bien los jóvenes se iban, se ponía a limpiar los pisos para poder seguir en paz el hilo de sus propios pensamientos.

Una pasión devoradora por el trabajo
1977-1982

A partir de 1977, Natalia Ginzburg volvió a trabajar tiempo completo como asesora de la editorial Einaudi; las olas se habían aquietado. Leía manuscritos y escribía informes para la editorial o se comunicaba directamente con autoras y autores. Sus críticas eran siempre estrictas, pero no personales, y cuando detectaba textos con buenas cualidades no mezquinaba palabras de aliento y luchaba dentro de la editorial para que los publicaran.

Le propuso a Giulio Einaudi publicar las obras completas de Antonio Delfini; quería que se reeditaran los cuentos maravillosos de Luigi Capuana que ella les había leído a sus hijos; opinó sobre Amelia Rosselli –"el único poeta de la generación intermedia, después de Pasolini"– y sobre Anna Maria Ortese, con la que se carteaba, consideró que era una de las mejores escritoras italianas. De una pila de manuscritos rescató *Treno di crema* de Andrea De Carlo; descubrió *Althénopis* de Fabrizia Ramondino; y en su informe sobre el original de Dolores Prato escribió que el libro era muy hermoso, pero que tenía unas mil doscientas cincuenta páginas; "lo recorté, ahora tiene unas trescientas".

Carlo Carena, un colega de la editorial, le escribió desde Turín: "Tu correspondencia con los autores de originales es un trabajo realmente ejemplar, por el que te estamos muy agradecidos".

* * *

En 1977 publicó –otra vez con Einaudi– *Familia,* un libro con dos cuentos largos. Una vez más, los dos textos –"Familia" y "Burguesía"– se ocupan de la decadencia de una familia y de la burguesía. Sin saberlo, los dos protagonistas –en "Familia", un hombre; en "Burguesía", una mujer– están pasando los últimos días de sus vidas en el entorno que conocen, con las personas, las mascotas y las cosas que conocen, y son sorprendidos, de pronto, por una enfermedad traicionera. "La mirada al interior de esos ambientes es la de una persona que quiere hacer el inventario de una casa cuyos habitantes acaban de irse sin previo aviso. Con las reliquias que quedaron de la tormenta, que recién se está calmando, puede reconstruir la cadencia secreta de su existencia", dice el texto de presentación. En su reseña, Pietro Citati asegura que este librito de Natalia Ginzburg puede mostrar la crisis de la institución familiar con más claridad que cualquier estudio sociológico y estimular al lector para que ensaye sus propias reflexiones. Cesare Garboli, su "crítico oficial", escribió un comentario titulado "Il fascino discreto del disordine" [El discreto encanto del desorden]: "Su lenguaje es una música, un ritmo aplicado a la vida cotidiana, el estilo de alguien que sería capaz de hacer un soneto con el llanto de un recién nacido o una sextina con los chancleteos de la empleada de casa". Compara su estilo "corporal" con un "cálido y húmedo viento africano" que irrumpe en el "viejo universo de las relaciones humanas, levantando las hojas más decrépitas de nuestra existencia".

* * *

Desde 1976, Natalia pasaba sus veranos en una casa en Sperlonga, entre Roma y Nápoles. Quedaba en un pueblo, cerca del mar, y tenía árboles en el jardín. La escritora Rosetta Loy, que la había ayudado a encontrar esa casa, era su vecina y pasaba a verla todos los días. Las dos se conocían desde 1974, cuando un amigo en común las presentó porque Rosetta quería mostrarle su relato "La bicicletta" y pe-

Natalia en Sperlonga.

dir su opinión. Natalia lo leyó y unos días después la llamó, aconsejándole que corrigiera el texto en algunas partes. La versión nueva le gustó tanto que la propuso para el Premio "L'Inedito", de cuyo jurado formaba parte. El resto del jurado no le hizo caso, pero cuando Natalia se enamoraba de un texto, no aflojaba. "Me ocuparé de que lo puedas publicar de todos modos", le dijo, y *La bicicletta* apareció ese mismo año en la editorial Einaudi, con una "Nota" escrita por Natalia. Del mismo modo, cuando en 1980, después de un segundo libro bien logrado, Rosetta le mostró a Natalia un manuscrito que no le convenció, no dudó en informárselo a Einaudi: "Te mando la novela de Rosetta Loy, a quien me une una profunda amistad y de quien publicamos dos novelas, años atrás… A decir verdad, este [nuevo manuscrito] no me gusta para nada, y ya le di mi opinión negativa".

Por lo general, cuando se encontraban las dos, casi no hablaban de libros o de escritura, sino sobre las cosas de todos los días.

* * *

En el otoño de 1978, Natalia y su amiga Dinda Gallo comenzaron a preparar una antología en tres tomos titulada *La vita*, para la escuela media, a pedido de la editorial De Agostini. Durante un buen tiempo se dedicaron a releer sus libros preferidos. Tarde tras tarde se encontraban, discutían, elegían textos. Natalia escribía breves introducciones y Dinda Gallo, las notas. Cuando la selección estuvo lista, en abril de 1979, Natalia le escribió a Einaudi: "Te mando el índice de los tramos que pertenecen a Einaudi... Se trata de una antología que incluso podría resultar bella; está ordenada por palabras clave (nacer, morir, guerra, agua, sueño, comida y así sucesivamente) e intentamos incluir fragmentos largos de novelas: Manzoni, Dickens, *La guerra y la paz*, etc. Es distinta de los demás libros de texto, porque los fragmentos son largos".

Habló por teléfono con Elsa Morante, que no quería que escritos suyos terminaran en antologías, pero al final hizo una excepción y dio su autorización.

* * *

El resultado fueron tres gruesos tomos. Los fragmentos provenían –además de los libros ya nombrados– de William Blake, Carlo Collodi, Annie Vivanti, Italo Calvino, Isaac Bashevis Singer, Antón Chéjov, Giuseppe Ungaretti, Rainer Maria Rilke, Heinrich Heine, Hermann Hesse, Federico García Lorca, Nazim Hikmet, Homero, Virgilio y muchos otros, incluyendo hasta un pasaje del Evangelio según Mateo. En su prólogo, las compiladoras aclaraban que no tenían ninguna pretensión de exhaustividad, porque las antologías solo cobraban sentido si reflejaban preferencias, intereses, recuerdos y fidelidades personales, y los textos describían con brillo y claridad los momentos esenciales, fundamentales de la vida humana.

A principios del verano de 1980, Natalia trabajó con Federico Fellini en un pequeño tomo sobre sus películas, publicado ese mismo año por editorial Einaudi, con seis ilustraciones del autor. Inmediatamente después, de julio a agosto, colaboró con Cesare Garboli en la edición de los diarios de Antonio Delfini.

Se había hartado de escribir artículos con regularidad, porque le costaba mucho esfuerzo y temía que pudiera afectar su estilo.

Así las cosas, un año después accedió con gusto cuando la editorial Einaudi le pidió que tradujera *Madame Bovary* de Flaubert. Entregó la traducción en otoño y fue publicada en 1983, en la colección "Scrittori tradotti da scrittori" [Escritores traducidos por escritores]. En la editorial habían dicho que podía trabajar en ese proyecto durante sus horas de oficina.

Sin embargo, el 27 de febrero de 1981 le escribió a Giulio Einaudi: "Terminé de traducir *Madame Bovary*. Ahora querría un contrato. Me habías dicho que tradujese en las horas de oficina. Traduje en las horas de oficina dos tardes –dos, en sentido literal–; y lo demás siempre en casa, y para ser precisos, de cuatro a ocho de la mañana, y los sábados y los domingos, y en verano, en el mes de agosto. Esto, porque en la oficina tenía otras cosas de qué ocuparme: quizá otra traducción (por ejemplo, *Una vida* de Maupassant, que ustedes me habían propuesto) podría ser algo que haga en las horas de oficina. Pero *Madame Bovary*, no; es una traducción demasiado demandante, demasiado difícil, requería la mayor de las concentraciones y una entrega absoluta. Te saludo afectuosa, Natalia".

La editorial se apresuró a mandarle el contrato.

En el posfacio a *Madame Bovary*, Natalia describió la tarea de traducción como un ejercicio sanador, revitalizante, que pedía una relación con las palabras distinta a la de la escritura propia. Hacía falta apartar la mirada del estilo propio y mirar fijo el amado "mundo de otro". Como las hormigas a una hoja, había que aferrarse a cada palabra y, al mismo tiempo, avanzar con la impaciencia de un ca-

ballo, sin perder nunca de vista el todo. Pero no debía entreverse la lentitud, solo el paso rápido del caballo. "Por lo general, el escritor, cuando escribe, se comporta como un soberano; pero en cambio ahora siente que debe comportarse como un sirviente. Traducir es servir. Y sin embargo, uno mantiene cierta soberanía secreta: esa soberanía que se destina a los sirvientes de los soberanos cuando viven en una estrecha intimidad con ellos, respirando su admirada grandeza, espiando en las arrugas de su frente deseos e intenciones".

* * *

En 1982, Natalia Ginzburg encaró un proyecto nuevo y gigante que unía la traducción con la investigación y la escritura, algo completamente nuevo para ella. Dinda Gallo le había hablado una y otra vez de la familia de Alessandro Manzoni, por la que hacía rato sentía "una curiosidad indefinida". Esas conversaciones despertaron su deseo de ocuparse más de cerca del destino de esa familia. Comenzó a leer sobre ellos, en libros inhallables en las librerías. Había material de sobra sobre Manzoni, el escritor italiano más famoso del siglo XIX, pero las pocas publicaciones sobre su familia estaban agotadas; debía pedirlas prestadas en la Biblioteca Nacional o a amigos.

Viajó a Milán para revisar cartas y documentos en la Biblioteca Braidense y en el Centro de Estudios Manzonianos, también a Brusuglio a la casa de campo de la familia. Dinda Gallo la acompañó. Cuando las dos señoras mayores estaban en el tren de regreso, Natalia quiso buscar una botella de agua mineral que tenía en el portaequipajes y, sin querer, la derramó sobre la cabeza de un joven sentado a su lado. Le pidió disculpas y siguió charlando con su amiga hasta que el tren paró en una estación. Natalia quiso bajar a buscar más agua, pero Dinda Gallo se opuso. El hombre, que primero se había enojado bastante, se ofreció a buscarla; regresó con la botella y se la dio con las palabras: "¡Pero no haga fechorías, señora!". La había reconocido y utilizó la palabra que su padre siempre usaba cuando era chica. El resto del viaje fue una conversación muy animada.

"Me parece estar escribiendo mi tesis de doctorado", les decía Natalia a sus hijos, medio en broma, porque ella nunca había terminado sus estudios. Con las cartas de la extensa familia Manzoni y las de amigos que le habían escrito a él, reconstruyó la historia familiar "salpicada de vacíos, de ausencias, de zonas oscuras" y unió los documentos con pasajes breves escritos con su propio estilo sobrio. A la vez, mientras trabajaba tenía la sensación de estar inventando a los personajes: "Tenía por ellos los mismos sentimientos que tengo con los personajes de mis novelas, una mezcla de amor y odio. Nunca se enjuicia a las figuras de una novela propia; se las ama o se las odia". Así surgió una crónica de ciento cuarenta y cinco años que empezaban en 1762 con el nacimiento de Giulia Beccaria, madre de Manzoni, y terminaba en 1907 con la muerte del hijastro de su segundo matrimonio.

Durante ese tiempo, Dinda Gallo fue su interlocutora más importante. Natalia le llevaba páginas nuevas para leer, compartía sus inseguridades y su preocupación cuando había huecos imposibles de llenar.

La famiglia Manzoni fue publicado por Einaudi en 1983 y estuvo varios meses en los primeros puestos de la lista de *best sellers* de Italia. No era un libro para especialistas en el escritor, sino la biografía de una familia que se leía como una novela.

Una señal de solidaridad
1983-1988

En 1983, Natalia participó en las elecciones parlamentarias como candidata independiente del PCI, que solía incluir en sus listas a personas famosas aunque no estuviesen afiliadas, y ganó. Había abandonado el partido en los años cincuenta. "Dos veces en mi vida formé parte de un partido" –en los años cuarenta, del Partito d'Azione, y luego del PCI–, "y las dos veces fue un error", había escrito. Pero se sentía unida a los ideales del partido, sentía "profunda admiración" por su secretario general, Enrico Berlinguer, y quería dar "una señal de solidaridad". También le gustaba la idea de hacer "algo útil, práctico, aunque fuera algo muy menor". Después de las elecciones volvió a dudar. "Si no entiendo nada de política", le dijo a su viejo amigo Vittorio Foa. "Precisamente por eso debes hacerlo", le respondió él. Preguntó a sus hijos, que tenían opiniones divididas; preguntó a Adriano Sofri, que la alentó, y a otros, "a las personas que entendían algo de política", y finalmente aceptó el mandato. A partir de ese momento, todas las mañanas, vestida decentemente con falda tableada azul oscuro, blusa, chaqueta tejida y zapatos sólidos, cargada con un bolso negro lleno de libros y revistas, salía desde su casa en el centro de Roma, pasaba junto al Panteón e iba a Montecitorio, sede de la Cámara, que quedaba cerca. La rodeaba un halo de elegancia como la de las muchachas de los años treinta.

Como diputada, visitó prisiones y se sumó a comisiones dedicadas a los problemas de las minorías, a cuestiones de la mujer y al derecho de adopción. "Nunca del lado del poder", era su máxima. A veces, escuchaba con estupor los discursos de colegas que para ella no tenían la más mínima autenticidad. De a poco, su sorpresa se convirtió en indignación. "No hago más que perder mi tiempo", pensaba en las pausas, sentada en silencio en el último sofá del largo Salón Transatlántico, junto al recinto de sesiones, observando el agitado ir y venir de los demás. A veces se sentía como si hubiera vuelto al pupitre de la escuela, según comentaba en broma con sus hijos. Pero la nueva tarea también daba estructura a sus días y se adaptaba a su modo de vida metódico. Su fuerte sentido de la responsabilidad no le permitía faltar a ninguna votación importante y, por lo general, se sumaba a las decisiones del partido. A menudo, cuando volvía a casa, almorzaba con sus nietas, de quienes era amiga y confidente y con quienes discutía apasionadamente.

Natalia Ginzburg como diputada, junto al entonces presidente de la república, Sandro Pertini.

En la sesión del 15 de noviembre de 1983, la diputada Levi Baldini Ginzburg pidió por primera vez la palabra. El tema era el emplazamiento de misiles de la OTAN en suelo italiano y la decisión, tomada unos días antes, de enviar dos mil soldados italianos al Líbano. Una gran cantidad de representantes se había pronunciado en contra del envío –dijo–, pero la mayoría lo había aprobado. Sin embargo, "si preguntamos a la gente en la calle, ¿acaso no pedirían todos que los trajéramos de vuelta?". Lo mismo sucedía con la pregunta sobre los misiles: "Los partidos mayoritarios no expresan de ningún modo el pensamiento, el deseo, el ánimo de sus votantes, sino únicamente su propia intención personal". Por eso exigía un referéndum, cuyo resultado habría que obedecer incluso si se aprobaba la estación de la OTAN. "La idea de que la paz debe ser defendida con las armas es una idea completamente falsa: la paz verdadera solo puede ser desarmada; la paz verdadera odia las armas… Italia debería comprometerse con el desarme unilateral. No importa si otros países se arman; no importa si se arman las grandes potencias: nosotros permanecemos desarmados. Por eso nos negamos a entrar en la esfera de las grandes potencias, a aliarnos con unos o con otros; si otros países lucharan junto con nosotros por el desarme unilateral, y lo obtuvieran de sus gobiernos, entonces por fin la voluntad de paz en el mundo hablaría con voz más alta y más clara". Los representantes de la izquierda independiente y de la izquierda radical aplaudieron a rabiar y la felicitaron cuando terminó.

El 10 de mayo de 1984, habló en el debate por una ley que proponía el aumento de tarifas y precios y la limitación de la escala salarial móvil: "El momento es difícil, dice el gobierno, debemos hacer sacrificios. Pero con puntualidad esos sacrificios tocan a los más débiles, a los enfermos, a los marginados y, por último, a los empleados en relación de dependencia, a los obreros". En un largo discurso enumeró las consecuencias de la política del poder que solo piensa en sí misma: la destrucción de la Italia campesina a través de una industrialización

violenta y brutal; hospitales desbordados, jubilaciones misera-
bles, desempleo juvenil, crisis habitacional, sobrecarga laboral
de las mujeres, escasez de vacantes en guarderías y jardines
de infantes, asistencia médica insuficiente, cárceles superpo-
bladas en las que nadie está seguro de sobrevivir. "Mafia, ca-
morra, terrorismo, secuestros, corrupción pública, tráfico de
drogas y de armas: esos son los males que aquejan a Italia".
Criticó el lenguaje retorcido, oscuro, de los proyectos de ley,
que además se había abierto paso en el periodismo y la literatura: "Sin lugar a duda, entre las muchas batallas que hace
falta dar, una es esta: la batalla por un idioma claro, concreto,
comprensible para todos, en relación directa con las cosas.
Creo que la vida de nuestro país mejoraría y se volvería más
transparente si cada uno de nosotros se preocupara, al menos, por derrotar la oscuridad del lenguaje, si se preocupara
por dirigirse al prójimo con cada palabra, por nunca perder
de vista la realidad del prójimo, por no burlarse de él, no
estafarlo, no humillarlo, no pisotearlo jamás". Hacía mucho
que la palabra "socialismo" ya no representaba lo que ella y
muchos otros creían, es decir, "justicia social, honestidad y
seriedad en las intenciones, moral pública, coraje cívico, defensa de los derechos del más débil contra el más fuerte".

Para cerrar, volvió a hablar de los misiles atómicos, que en el
ínterin habían sido emplazados en Comiso, Sicilia. "Una gran
parte de Italia siente pavor por las armas, del tipo que sean,
atómicas o no, fabricadas aquí por nosotros o en otros lugares
del mundo. Una gran parte de Italia no quiere saber nada
de refugios antiatómicos, porque detesta la idea de salvarse
en pequeños grupos si estallase una guerra nuclear y, el día
después, asomarse a un mundo donde no quede ni un alma
viva. Una gran parte de Italia se niega a aceptar esta propuesta;
siente horror de las armas, incluso como medio de defensa, y
prefiere que la maten a matar. Ni optimista ni pesimista con
respecto al futuro de la humanidad, esta gran parte de Italia
piensa que, de todos modos, hay que esforzarse por vivir como
si se tuviera por delante un futuro de siglos. Contraria a la

violencia, contraria al derramamiento de sangre, contraria a cualquier tipo de destrucción y devastación, amante de proyectos y de memorias, esta gran parte de Italia quiere ser solidaria con sus semejantes, firme en la defensa de la justicia, resuelta a no ceder ante las imposiciones del poder".

Odiaba hablar en público. "Con sorpresa notamos que, de adultos, no perdimos nuestra antigua timidez frente al prójimo; la vida en nada nos ayudó a liberarnos de la timidez. Seguimos siendo tímidos. Solo que ya no nos importa: nos parece haber conquistado el derecho a ser tímidos: somos tímidos sin timidez, audazmente tímidos". Pero si le parecía que hablar era su deber moral, no dudaba.

Cuando Elsa Morante, gravemente enferma, tuvo que ser internada en una clínica en Roma, le exigió al ministro de Salud que apoyara financieramente y validara todo tratamiento médico para esta "ilustre" escritora, "cuya gran obra honra a Italia".

En otra ocasión, protestó contra la renuncia de un diputado apreciado por ella y su grupo.

Una, dos oraciones, cuarenta segundos: las de Natalia son las intervenciones más cortas que hayan registrado alguna vez los taquígrafos del Parlamento.

A última hora de la tarde, a veces llamaba desde Montecitorio a su amiga Dinda Gallo y decía: "Creo que en un rato termino. ¿Nos vemos en el cine?".

* * *

Las primeras horas de la mañana seguían perteneciendo a su escritura. Con café y cigarrillos a mano, de nuevo llenaba página tras página con su letra amplia. Desde *Querido Miguel* habían pasado diez años; desde *Familia*, seis. Con *La ciudad y la casa* sostenía, por tercera vez, un espejo ante la burguesía romana. La novela epistolar fue publicada por Einaudi a fines de 1984. Esta vez, para sus parámetros –"escribo siempre muy rápido"–, había tardado mucho: desde mayo hasta septiembre.

Giuseppe, un periodista de mediana edad, decide abandonar Roma y mudarse a casa de su hermano en los Estados Unidos, para recomenzar allí su vida. En las cartas que Giuseppe les manda a sus amigos romanos –sobre todo a su antigua amante Lucrezia–, las que estos se escriben entre ellos y las que él recibe, se van revelando en distintos pliegues el presente y el pasado de cada individuo. Muy al pasar surge, también, un retrato detallado de la vida en Roma a principios de los años setenta. Pero los textos son cada vez más negativos. El hermano de Giuseppe muere; la esposa de este, con la que Giuseppe se había casado al poco tiempo, muere; al final, muere también su hijo en Roma. "Como en una tragedia antigua, una desgracia sigue a la otra", escribió Hans J. Fröhlich en su reseña de la edición alemana. "Lo que vuelve atractiva y a la vez difícil la lectura de novelas epistolares es la doble ficción. No hay un narrador que describa a los personajes. Estos se van presentando solos, por así decir, a través de lo que se cuentan y confían. En un género como este, cuanto menos note el lector los recursos técnicos y estilísticos, cuanto más discretamente se esconda el autor detrás de sus figuras como director y titiritero, más notable resulta su capacidad artística. Natalia Ginzburg domina este arte en toda su magnitud".

Multiplicidad de voces y, al mismo tiempo, monotonía caracterizan a estas cartas; con imágenes sobrias –y a veces, justo por eso, cómicas– de la vida cotidiana, muestran la impotencia con la que los personajes van enfrentando los acontecimientos.

"Hoy la realidad es oscura, fragmentaria, incoherente e indescifrable", escribió Natalia Ginzburg sobre *La ciudad y la casa*. "Al escribir novelas, siempre tuve la sensación de tener en mis manos espejos rotos, y sin embargo siempre guardaba la esperanza de reunir las partes en un espejo entero. Esta vez, desde el principio no tenía ninguna esperanza".

* * *

El mismo año, la editorial Mondadori le preguntó si quería publicar sus obras completas en la serie "I Meridiani", en la que están reunidos los más grandes autores y autoras de todos los tiempos.

Primero la idea la asustó un poco; temió que significara el final de su vida como escritora. Pero también se alegró, por lo que pronto le escribió a la editorial Einaudi: "En este momento de mi vida" –tenía sesenta y ocho años– "siento un gran deseo de reunir en uno o dos tomos de obras completas todas las cosas que escribí. Pienso que los 'Meridiani' de Mondadori serían un lugar perfecto... No creo generar perjuicios a la editorial [Einaudi]... En caso de escribir más libros, como espero, serían suyos".

El proyecto de las obras completas la tranquilizaba frente a una sensación de desmembramiento que percibía por todas partes. Mientras ordenaba cronológicamente sus libros y pensaba cuáles de sus textos no publicados en libro quería incluir y cuáles no, volvió a ver frente a sus ojos el camino que había recorrido. Su amigo Cesare Garboli escribió la introducción. El primer tomo salió en 1986; el segundo, un año después.

* * *

En 1985 murió Elsa Morante. Natalia heredó los gatos siameses que su amiga había querido tanto. Le saltaban encima cuando, al mediodía, sentada en el sofá, hablaba por teléfono con sus amigos o miraba alguna serie apta para todo público. Morante había escrito: "En compañía de nuestro gato podemos descansar de las agotadoras batallas entre esperanza y orgullo; gracias a ellos podemos encontrar una mirada viviente que, sin la mínima sombra de enjuiciamiento, nos declara la más tierna amistad".

* * *

En marzo de 1986, Natalia Ginzburg leyó en francés *Les pierres crieront* de Molyda Szymusiak, y escribió a Einaudi: "Es un libro muy hermoso, de grandísimo interés. Son los recuerdos de una niña de Camboya, entre 1975 y 1980. Cuando llega el Jemer Rojo, ella y sus familiares se ven forzados a abando-

nar Phnom Penh, donde viven, y durante años son empujados de un lugar al otro, de aldea en aldea. Las atrocidades de la guerra son narradas secamente, sin comentario de algún tipo. Todos los familiares de la niña mueren, uno tras otro, por el cólera o por privaciones. La niña y tres niños de una familia cercana son los únicos supervivientes. Al final del libro, los cuatro huérfanos son enviados a Francia. Se trata de una historia alucinante y seguramente real. Hace mucho que no leía algo que me apasionase tanto. Lo publicaría ya mismo".

Pidió ser ella quien tradujera el libro y escribir una introducción, "para sentirme útil, al menos un poco". Salió ese mismo año bajo el título *Il racconto di Peuw, bambina cambogiana.* Luego volvieron a surgir fuertes desavenencias con Einaudi. Hacía años que la editorial atravesaba una crisis grave y le debía mucho dinero a Natalia. Tenían que rematar la empresa. "La editorial cayó bajo el martillo, cosa que de por sí me parece horrenda", le escribió a Giulio Einaudi. Por eso también quería terminar su contrato como asesora. No hallaba su lugar en esa construcción incomprensible en la que se había convertido "el grupo de personas que siempre habían trabajado y pensado juntas". A pesar de todo, se dejó convencer una vez más y se quedó.

La editorial fue puesta bajo tutela estatal. Las gestiones se arrastraban y en diciembre de 1986 la diputada Levi Baldini

Ginzburg le preguntó al ministro de Industria, Comercio y Artesanato por qué, "con fatigosos procedimientos de remate", se' posponía una solución lógica para la editorial Einaudi que, a su entender, le daría continuidad cultural a la casa y garantizaría la tranquilidad y seguridad necesarias para mirar el futuro con decisión.

Cuando por fin lograron reestructurar la editorial, Natalia decidió alejarse. "Imagina que alguien está acostumbrado, desde hace años y años, a pasear por un bosque. De pronto, el bosque se convirtió en una autopista. Entonces él prefiere ir por otro lado, por cualquier otro lado" –le escribió en una carta del 4 de abril de 1987 a un colega–. "Por fábricas, autopistas, patios o gallineros. Por cualquier lado donde para él no haya recuerdos del bosque… Yo soy una escritora. ¿No te parece lógico que los escritores, cuando puedan, elijan el lugar donde alojar los libros que escribieron?".

* * *

Con Vittorio Foa y Norberto Bobbio.

En diciembre de 1988, Natalia dio definitivamente por terminada su relación laboral con la editorial Einaudi, aunque su amistad con Giulio se mantuvo siempre; se veían en Roma para cenar, discutían proyectos y ella le decía sus opiniones sin embellecerlas. En 1982, después de su carta sobre *Madame Bovary*, él en persona se ocupó de arreglar el asunto y le escribió que malentendidos de ese tipo no volverían a pasar. Y agregó: "No te amargues; sabes que te quiero, aunque a veces no estemos de acuerdo sobre las novelas". Giulio Einaudi siguió publicando los textos de Natalia y cada tanto, muy cada tanto, ella viajaba a Turín para las reuniones de los miércoles.

* * *

En las elecciones de junio de 1987, la diputada Levi Baldini Ginzburg fue confirmada en su cargo. En el debate parlamentario del 12 de septiembre de 1987 sobre la situación durante la Guerra del Golfo y la decisión del gabinete de enviar barcos de la Marina, habló con vehemencia en contra de la intervención militar italiana. "El Partido Socialista quiere la intervención armada. Creo que nadie puede sorprenderse de eso. En la política socialista actual, los valores auténticos siempre estuvieron ausentes; en la política socialista actual, nunca se vio ni una sombra de honestidad o de amor por la verdad. Solo vimos en ella cálculos y juegos políticos, cuya única meta eran la represión y el poder... Las ocho unidades navales militares que el gobierno quiere enviar al Golfo tendrían, según el gobierno mismo, la misión de defender el honor y la dignidad del país... Para los de la vieja generación, que es la mía, semejantes iniciativas y las motivaciones que las mueven tienen un aire particular, y a nuestros oídos las palabras 'orgullo nacional', 'dignidad' y 'honor patriótico' suenan ominosas, porque nos retrotraen a la época del fascismo y porque en ellas reconocemos el estilo y el espíritu de Mussolini... Hace ya cuarenta años que la guerra terminó en Italia y sin embargo no podríamos decir que estos cuarenta años hayan sido de paz verdadera. En este período nunca dejamos de pensar en la guerra... Todos los días vemos por televisión la guerra en países que no son el nuestro; todos los días los diarios nos dan las noticias de lugares donde hace muchos años se vive en guerra... La violencia engendra violencia, las armas engendran armas... Busquemos, entonces, detener esta iniciativa delirante y criminal".

Se volvió a dirigir contra el lenguaje cínico de ciertos artículos periodísticos, en los que se hablaba con tono de burla del *mammismo nazionale.* "Aquí están las verdaderas madres que tienen miedo de perder a sus hijos en una delirante acción armada... Si a algunos autores de estos artículos les tocase ir al Golfo, utilizarían, creemos, un lenguaje menos cínico y completamente distinto".

El idioma de Natalia resultaba desconocido para muchos diputados, ya que se negaba tercamente a usar cualquier tipo de jerga. Pero siempre había silencio cuando ella hablaba con su lenguaje a menudo estricto, inflexible, que no ocultaba nada detrás de abstracciones sino que se dirigía siempre en forma directa al otro: el lenguaje de sus ensayos.

A veces, ya en su casa, pasaba toda la noche desmenuzando la discusión y, ya tarde, llamaba a su amiga Laura Balbo, también diputada, con la que solía compartir un cigarrillo en los intervalos de las sesiones, para decirle: "Sabes, seguí pensando en el tema, pero no cambié de opinión".

* * *

En agosto de 1988, en su casa de Sperlonga, Natalia escribió su última comedia: *La entrevista.* Esta vez, para la actriz Giulia Lazzarini, a quien quería y admiraba. "Me parecía pequeña, suave, vulnerable y frágil, e intenté urdir una trama en torno a su fragilidad. También la hice distraída, desprevenida y errante. Por lo demás, suele pasar que cuando uno escribe novelas o cuentos, piensa intensamente en una o varias personas reales".

Unos dos años antes, la había visitado un joven director, Luca Coppola ("era pequeño, con grandes gafas circulares de carey y un mechón negro que le bailaba sobre los ojos"). Había sido amigo de Elsa Morante y Natalia lo conocía de pasada. Él quería poner en escena su obra *Diálogo*. Se sentaron en la terraza de su casa y hablaron un rato "largo y lleno de felicidad", no solo sobre teatro sino sobre mil cosas. Se hicieron amigos y se entendían tan bien que Natalia ya no se daba cuenta de que ella "era vieja y él, joven". Un año más tarde, Luca Coppola fue asesinado en Sicilia junto con su compañero. Los dos fueron "golpeados, perseguidos mientras huían y luego asesinados, de noche, en un arenal. El escenario, la emboscada y el asesinato se parecen al asesinato de Pasolini". A él le dedicó *La entrevista*.

"En esta comedia hay tres personas en escena y tres de las que solo se habla. Unas y otras son esenciales en mis comedias; en todas hay, como aquí, personajes de los que se habla mucho pero que nunca aparecen: estando ausentes, callan. Así, por fin hay alguien que calla", escribió en el prólogo, cuando *La entrevista* fue publicada en la colección de teatro de Einaudi, en 1989.

La obra se estrenó en mayo de ese año en el Piccolo Teatro de Milán, con Giulia Lazzarini y Alessandro Haber en los papeles principales. Ella asistió a la primera función. "Me sentí feliz y los demás también". La obra les gustó hasta a sus hijos. Con su gran cartera en la mano, subió al escenario al caer el telón y recibió los aplausos. "Un triunfo personal para Natalia Ginzburg", escribió el crítico Franco Quadri en *La Repubblica*.

Para ella, el teatro significaba hacer hablar a otras personas más allá de sí misma, dijo en una entrevista. En la escritura de novelas y cuentos se mezclaban lo autobiográfico y la fantasía; en los ensayos, se expresaba ella misma sin la menor invención.

* * *

En octubre de 1988, Italia fue el país invitado de honor de la Feria del Libro de Frankfurt. Todo aquel que tuviera algo que decir en la literatura italiana dio el presente en aquella ciudad. Natalia Ginzburg también fue invitada y, tras vacilar un poco, aceptó. Viajó con su colega parlamentaria, Gina Lagorio, y fueron directo del Parlamento al aeropuerto. Llegó a Frankfurt a la tarde, vestida con su ya famosa chaqueta tejida, sus zapatos sólidos y el infaltable bolso lleno de libros y diarios. Dio entrevistas y luego se retiró al hotel, para descansar un poco antes de la conferencia. Esa noche se vistió con una elegante capa color beige. Se sentó en el podio y con voz fuerte, inconmovible, leyó su ensayo "Sobre creer y no creer en Dios": "Entre las cosas odiosas que surgieron en nuestra época, me resulta odiosa la idea de que creer es tonto, ridículo y cobarde, y señal de un estado de inferioridad, y que no creer sea valentía viril, firmeza y, en definitiva, superioridad. Si fuera posible que una persona le pidiera algo a toda la humanidad, yo le pediría que todas las creencias religiosas, de cualquier tipo y carácter, fuesen contempladas por quienes no creen con un sentido de igualdad... En ciertos momentos el hecho de que para algunas personas el mundo sin Dios resulte atroz me parece una prueba de que Dios existe. Y así me parece una prueba de que existe el hecho de que sacárselo de encima sea fácil, en el fondo; pero que en cambio sea tan trabajoso, doloroso y difícil tenerlo si uno nunca lo tuvo, tanto como en la vida es doloroso y difícil tener todo lo que es necesario, vital y esencial... Tal vez sea prueba de la existencia de Dios el hecho de que se pueda ser tan feliz al recordar a las personas que perdimos, que murieron o desaparecieron de nuestra vida, traicionándonos y abandonándonos para siempre: eso que en nosotros mismos llamamos 'siempre'". El que cree también se siente permanentemente acosado por la duda y puede olvidar a Dios durante años, prosiguió. "Pero luego, de pronto, si un día lo embarga una furia enloquecida porque otra persona lo ofendió, y desea estrangular a esa persona e incluso la estrangula en sus pensamientos, y enseguida la ve delante de sí, indefensa y lastimosa, o bien descubre que es mejor que él mismo y más generosa... o bien de pronto al verla enfrente le parece cómica y le da risa y se siente cómico él mismo en su furia... entonces le parece que allí, en las cenizas de su ira y en su repentina liviandad, tal vez allí esté Dios; como si hubiera cubierto a Dios de insultos y luego empezara a reírse fuerte para sus adentros, sobre sí mismo y sobre Dios a la vez... En algunos momentos de lucidez, esas sombras y esos raros momentos le parecen lo único bueno que su destino alguna vez le dio". En el debate posterior, respondió con amabilidad y una tranquilidad estoica todas las preguntas. Ella misma había crecido sin fe y, llegada a esa instancia, compensaba la falta de pertenencia con una doble pertenencia: al judaísmo y al cristianismo. Sintió su judaísmo profundamente al enterarse de la matanza de judíos. Le parecía hipócrita usar la palabra "holocausto". "Ennoblece una cosa que es imposible ennoblecer. Significa 'hacer un sacrificio a Dios', y en los campos de concentración no había Dios. El exterminio fue atroz y sigue siendo atroz".

Más tarde, en la cena de honor para la delegación italiana estaban presentes varios de sus amigos: Giulio Einaudi, Dacia Maraini, Rosetta Loy, Cesare Garboli, para nombrar solo algunos. La disfrutó y, excepcionalmente, no mostró signos de cansancio hasta bien entrada la noche.

Al día siguiente, después de pasar unas horas en la feria, regresó a Roma. No le gustaba estar mucho tiempo lejos de su casa y enseguida extrañaba a su hija Susanna, que seguía viviendo con ella.

Serena Cruz o la verdadera justicia
1989-1990

En 1989 Natalia Ginzburg elevó su voz con más énfasis que nunca frente a un hecho que la conmovió; puso todo su empeño en defender una causa sabiendo que muchos de sus amigos –que, a pesar de todo, ella "quería y respetaba"– tenían otra opinión. Durante la primavera de 1988 un caso de adopción había dividido a la opinión pública italiana. Una pequeña niña filipina fue apartada de sus padres adoptivos por motivos legales. No habían sido del todo cuidadosos con las regulaciones jurídicas en la materia. Los padres, gente sencilla de Racconigi, cerca de Turín, cuidaban amorosamente de la niña y nada le faltaba; de eso daba fe todo Racconigi.

Dos años antes habían adoptado a un niño filipino y querían darle una hermana. El hombre viajó a Manila y declaró que la niña en cuestión, que vivía muy enferma en un orfanato, era hija suya, fruto de una relación con una joven en su viaje anterior a las Filipinas, y mostró los papeles correspondientes. Hizo que anotaran al bebé en su pasaporte, se la llevó, pero no la inscribió en el registro civil italiano en el tiempo requerido y se negó a hacer el análisis de sangre necesario para probar la paternidad, tal como exigía la ley vigente. Fue acusado de fraude. Por orden judicial y con amenaza de intervención policial, la niña, que mientras tanto se había adaptado y desarrollado muy bien, fue llevada primero a un instituto y luego a una familia nueva. El padre se ofreció a ir a prisión si la niña podía regresar a la familia. Esta solución no fue considerada por los magistrados.

En la prensa se desató una polémica intensa entre la humanidad y la justicia contra el orden y la ley. La Italia *mammona*, madraza, rogaba que la niña fuera devuelta a sus padres adoptivos; la Italia *della ragione*, de la razón, justificaba la decisión y señalaba los peligros de la trata de menores y el abuso en las adopciones en general. Natalia, que desde siempre se había interesado por el destino de los más pequeños, reunió artículos sobre el caso, escribió varios de su propio puño, luego visitó en Racconigi a la familia –que nunca volvió a ver a la niña– y consultó en el Parlamento si no era posible que los diputados, que incluso podían entrar a las prisiones, visitaran a la pequeña Serena; pero el ministro de Justicia no otorgó el permiso necesario. Finalmente, en diciembre, escribió un *J'Accuse...!*, una versión literaria de la documentación que había reunido: *Serena Cruz o la verdadera justicia*, publicado a principios de 1990 por Einaudi.

Allí denunciaba el efecto de las generalizaciones y luchaba por un procedimiento humano para cada caso individual. "Me parece que se podrá pensar en los millones de niños sin rostro mañana. Mientras tanto, que hoy se defienda a uno solo, cuyo rostro, carácter y nombre conocemos". Presentó la historia por medio de los informes periodísticos y contó su visita a la familia acusada. Citó fragmentos de la ley de adopción y de los autos de la causa, pero sin incorporar su lenguaje y su lógica, sino señalando sus contradicciones e hipocresías.

Los jueces que dieron la orden de separar a la niña de su familia nunca habían visto a Serena, y cuando el presidente de la república quiso interceder por ella, entrelazaron las manos para rogarle que no se inmiscuyera. "En lugar de cruzar las manos, ¿no podían ir a Racconigi para ver si esta niña estaba muy bien o muy mal con esos padres que llamaban ilegales? ¿No era su deber estricto ir antes de aceptar una responsabilidad de tanto peso y tomar una decisión que, según expresaron, ellos mismos sufrían?".

La supuesta objetividad en nombre de la ley la indignaba. "Querría saber cómo se hace para considerar el destino de las personas sin corazón y sin lágrimas". Claro que admitía que las mentiras y el engaño eran un peligro en relación con las adop-

ciones. "Pasarlo por alto puede sentar un precedente peligro-so. Los ilícitos en relación con las adopciones son algo espan-toso. La compraventa de niños es algo espantoso. Pero aquí no hubo compraventa: lo explicaron los propios jueces. Sin embargo, sostienen que se cometió un acto ilegal, un fraude.

¿Pero por qué los jueces tienen tanto miedo de sentar un precedente, por qué tienen que tener tanto miedo como para preferir actuar sin la menor piedad? Cuando uno piensa que existe un riesgo, debe afilar y perfeccionar sus herramientas, juntar fuerzas, aguzar la mirada hacia el futuro. Por eso ac-túan mal quienes escudándose en sus temores renuncian a observar intensamente el presente, el lugar donde están hoy. Actúan mal quienes al invocar figuras abstractas pierden el sentido del presente en sus aspectos más concretos, en su sin-gularidad y realidad.

¿Preferimos... defender las imágenes que residen en nues-tras cabezas o defender la realidad concreta? Ese es el punto. ¿Qué preferimos?".

Critica "las ideas retorcidas" de las instituciones acerca del significado de la maternidad y la paternidad, y sobre la fami-lia ideal en la que los niños encuentran supuestamente un futuro mejor: "¿Mejor cómo? ¿Con más orden, más limpieza, más cultura, más sentido de la moral, menos pobreza? De la limpieza y de la menor pobreza debe ocuparse el Estado. Deben ocuparse sus instituciones. De la cultura, deben ocuparse las escuelas y el Estado.

Respecto del sentido moral, habría que saber de qué moral se trata. Porque no todas las ideas de moral son iguales. Respecto del orden, ¿cómo logran decidir y estipular que un niño crece mejor en el orden que en el desorden, cuando hay infinitos ejemplos de personas que se hicieron adultas maravillosamente en el medio del desorden?

¿Quién de nosotros confía en la idea de futuro tal como se concibió en la cabeza de las instituciones?

¿Y en nombre de qué futuro puede parecer justo quitarles para siempre un niño a sus padres?

¿Qué es una familia? Es un punto donde un grupo de personas viven juntas, una casa o una habitación o una casa rodante. Entre ellas se crean lazos que pueden ser fuertes o débiles, inestables o resistentes. Desde ese lugar, el niño mira al resto del mundo.

Las familias pueden ser pésimas, represivas, obsesivas o indiferentes, o desamoradas, o distraídas, o tóxicas, contrahechas, agusanadas. Pero para un niño son necesarias. Cuando ya tiene una, no es posible quitársela y darle otra a cambio, a menos que haya motivos extremadamente graves. En cualquiera de los casos, eso significará crearle una desolada devastación en su alma. Tal vez crece muy infeliz en su familia, se avergüenza de ella y la odia, pero es una infelicidad en que día a día la memoria se alimenta y se vuelve frondosa. En el futuro, llevará su memoria hacia ese bosque espeso y selvático. Cuando es niño, cambiarle el paisaje le hace daño. Lo obliga a mirar al mundo desde otro punto de vista. El nuevo y el viejo chocan entre sí. De eso nace una guerra. Semejante guerra puede ser peor que la infelicidad, porque mañana la memoria, al volver a esos lugares destruidos, buscará en vano las huellas de aquello que era una infancia.

Respecto de los centros de menores, no son lugares desde donde sea posible mirar el mundo. Son orillas ruidosas donde no pasa nada y donde el mundo no está. Todo o casi todo es mejor que un instituto".

Y al final del libro escribe: "Me parece que justicia y ley deberían ser una sola cosa. Sé bien con cuánta frecuencia no lo son, pero así es como deberían ser. ¿Cómo es posible pensarlas separadas? ¿Las leyes no están hechas para defender la justicia? ¿Para defender los derechos de los más débiles contra los más fuertes?

¿De qué sirven, si no, estas leyes, y para qué están?

¿Acaso existe algo más importante que la justicia en el gobierno de los países, en las relaciones con los asuntos y las necesidades de las personas? ¡No hay nada más importante que la justicia!".

* * *

Serena Cruz o la verdadera justicia generó gran alboroto, y el representante legal de la niña incluso intentó (en vano) disuadir a la editorial Einaudi de la distribución del libro: "En mi condición de tutor, tengo la obligación de apelar al sentido de la responsabilidad que este caso exige y conminarlo formalmente a no difundir el libro... Como alguien que admira desde hace mucho su editorial, que a lo largo de los años se destacó por su compromiso cívico y lo cuidado de sus decisiones, no puedo hacer otra cosa que expresar mi profunda desilusión respecto de lo que me parece correcto definir como auténtico infortunio editorial".

En las reseñas sobre el libro, todo el caso se volvió a poner en discusión, y Domenico Starnone escribió en el diario *Il Manifesto*: "La 'escandalosa' novedad del libro consiste precisamente, entre otras cosas, en ponerse con emoción literaria del lado de lo 'verdadero', sin convertirlo en 'verosímil'".

* * *

Al mismo tiempo, en el contexto de los cambios en la Unión Soviética, la caída del Muro de Berlín y el derrumbe del régimen comunista en Europa oriental, el PCI estaba siendo atravesado por fuertes discusiones en torno a una reforma y un cambio de nombre, cuestiones nada menores para el partido comunista que había sido el más influyente de Occidente. Una parte de los miembros estaba a favor del cambio, otra buscaba mantener los valores tradicionales y no quería saber nada de un nombre nuevo. Natalia pertenecía a los segundos. También habría preferido ver a Alexander Dubček al mando de la nueva Checoslovaquia, en lugar de a su colega, el escritor Václav Havel. En una cena con su viejo amigo Vittorio Foa y unas personas más jóvenes en una *trattoria* romana, fue la única en sostener la opinión "nostálgica" de que había que mantenerse fiel al pasado y conservar el viejo nombre y el viejo símbolo. Se pelearon fuerte, aunque de manera amistosa e irónica. "Si todos están de acuerdo, me puedo ir", dijo Natalia al final. "No, no, te ruego que te quedes", respondió Vittorio Foa, que era una persona más bien optimista y siempre trataba de ver las cosas positivas que traían las novedades. "La nostalgia es maravillosa solo cuando se trata de nostalgia por el futuro". En el siguiente congreso anual, en la primavera de 1990, el PCI se convirtió en PDS (Partido Democrático de Izquierda).

* * *

Natalia ya no amaba el mundo que la rodeaba, miraba con pesimismo a la Italia contemporánea. Sobre todo la preocupaba la descomposición de la familia en la sociedad moderna. "No es que pensase que las familias de antes estuvieran bien… Pero me parece que una persona necesita una familia, aunque sea mala, represiva y calamitosa. Me parece que sin familia las personas crecen con dificultades". También la destrucción de la cultura campesina a manos de una industrialización forzada y mal implementada le parecía una desgracia, aunque sabía que con esta concepción se enfrentaba a la crítica de muchos, incluido su hermano mayor Gino Martinoli. "Me reprocharon que lo haya dicho. Los campesinos se morían de desnutrición y de infecciones, dicen, pero pienso que se podía hacer algo para que no muriesen, para que estuviesen bien… Me parece que Italia fue mal industrializada y que así se perdieron valores muy importantes. Si no me equivoco, esto era lo que pensaba también Pasolini. Construyeron autopistas donde había campos; llenaron Italia de autos, hicieron ciudades donde las casas de las periferias son colmenares horrendos. Esto dio origen al malestar de los jóvenes y de la gente. Me parece que se dio un proceso destructivo en un país que estaba hecho para la agricultura y para el turismo. Me parece un error, pero todos dicen que estoy equivocada".

Una noche estaba con una amiga, charlando de cosas que las ocupaban. La joven mujer le dijo, alterada: "Si mi marido me engaña, ¡lo mato!". "Pero no" –respondió Natalia, posando una mano tranquilizadora sobre el brazo de la mujer–. "No te enfades. Eso puede pasar, es como un paseo por el

bosque". Luego se quedó callada. "En la vejez tenemos miedo de olvidar cómo era el amor. Recordamos que podía ser de dos modos. Podía ser repentino e incendiar el mundo. O bien podía ser imperceptible y del color del aire. Cuando era como el aire, pocas señales nos permitían reconocerlo. La velocidad de las horas, la respiración liviana... Cuando el amor era como el fuego, para nosotros el tiempo ya no era rápido ni lento, porque ya no existía. Podíamos quedarnos inmóviles durante horas, mirando cómo se incendiaba el mundo. Salvo soñar, ya no podíamos hacer otra cosa". Giró hacia su amiga: "Sabes, en la sexualidad están los hechos y los juegos". Ella conocía "los dragones, los tigres, las águilas" que convertían el encuentro de un hombre y una mujer en un acontecimiento, y solo eso contaba. "La importancia que tienen los juegos sexuales suele ser mínima... Tal vez ni valga la pena hablar de ellos".

No podemos saberlo
1991

Una noche, en el invierno de 1990, Natalia despertó con fuertes dolores. Se sintió morir. Un médico que vivía en su mismo edificio la llevó de inmediato al hospital. Le diagnosticaron un tumor gástrico y la operaron esa misma noche; hubo que quitarle dos tercios del estómago. Cuando volvió a su casa, le indicaron una dieta estricta y que no volviera a fumar. Eso le costaría mucho, pero prometió cumplirlo. De a poco se fue recuperando, pudo levantarse y retomó su vida habitual. Volvió a asistir al Parlamento, a encontrarse con Dinda Gallo y otras amigas para charlar o ir al cine, a pasar mucho tiempo con sus queridas nietas. Poco antes de la operación se había convertido en bisabuela y con el bebé en brazos, radiante, negándose a devolverlo, dijo: "Esta es la vida, no los libros".

Einaudi le encargó la traducción de la novela *Una vida* de Maupassant.

En el verano viajó como siempre con sus hijos y nietos a Sperlonga. Allí su salud volvió a empeorar; se sentía decaída y había adelgazado mucho. Su familia decidió llevarla a Francia para que la examinaran. Al regresar cayó en cama. Les preguntó a sus hijos por los resultados de los estudios y estos decidieron no contarle que los médicos habían detectado metástasis. Pero ella sabía lo que pasaba. Cuando Cesare Garboli fue a visitarla, le dijo: "No como más, Cesare, esto es la muerte".

La familia, Dinda Gallo y Garboli la acompañaron todo el tiempo. Había terminado la traducción de Maupassant; el manuscrito estaba sobre su cama, las nietas se lo leían y anotaban las correcciones. "No sé qué puedo hacer después de *Una vida*", dijo.

Natalia Ginzburg murió el 8 de octubre de 1991.

* * *

No podemos saberlo
No podemos saberlo. Nadie lo dijo.
Quizá allá no haya más que un catre desvencijado,
cuatro sillas con la paja salida y una pantufla vieja
mordisqueada por las ratas. Tal vez Dios sea una rata
y escape y se esconda no bien lleguemos.
Y tal vez en cambio sea la pantufla vieja
mordisqueada y gastada. No podemos saber.

Quizá Dios nos rehúya, asustado, y tengamos
[que llamarlo
y llamarlo largo rato, con los nombres más dulces
para lograr que vuelva. Desde un punto lejano,
en el cuarto, él nos escrutará, inmóvil.

Quizá Dios sea pequeño como una brizna de polvo,
y apenas lo veamos usando el microscopio:
sombra azul diminuta en el cristalito, ala negra
diminuta perdida en la noche del microscopio,
y nosotros allí de pie, mudos, contemplándolo en vilo.
Quizá Dios sea grande como el mar, y lance espuma
[y truene.

Quizá Dios sea frío como el viento de invierno,
quizá aúlle y retumbe como fragor que aturde,
y debamos taparnos las orejas con las manos,
helados y temblando, bien ocultos en el suelo.
No podemos saber cómo es Dios. Y de todas las cosas
que querríamos saber, es la única realmente esencial.

Quizá Dios sea tedioso, tedioso como la lluvia
y ese paraíso suyo sea un tedio mortal.

Quizá Dios lleve anteojos negros, chalina de seda,
dos pomeranias con correa. Quizá use polainas,
esté sentado en un rincón sin decir palabra.
Quizá se tiña el pelo, oiga radio portátil
y se broncee las piernas en la azotea de un rascacielos.
No podemos saber. Nadie sabe nada.
Quizá no bien lleguemos nos mande al almacén
a comprarle pan, salame y un jarrón de vino.
Quizá Dios sea tedioso, tedioso como la lluvia
y ese paraíso suyo sea el cantito de siempre,
revoloteo de velos, de plumas, de nubes,
olor a lirios cortados y un tedio mortal,
y cada tanto media palabra para pasar el tiempo.
Quizá Dios sean dos, una pareja de novios
librados al sopor en una mesa de hostal.

Quizá Dios no tenga tiempo. Dirá que nos vayamos
y volvamos más tarde. Saldremos a pasear,
nos sentaremos en un banco a contar trenes
                                        [que pasan,
hormigas, pájaros, barcos. A esa alta ventana
Dios se asomará a mirar la noche y la calle.

No podemos saber. Nadie lo sabe.
O tal vez Dios tenga hambre y nos toque saciarlo,
quizá se esté muriendo de hambre, y tenga frío,
                                        [y tiemble de fiebre,
bajo una frazada roñosa, llena de chinches,
y debamos correr a buscar leche y leña,
y llamar al médico, y vaya a saberse si
damos pronto con un teléfono, y con la moneda,
y con el número en la noche agitada,
vaya a saberse si nos alcanza el dinero.

Cronología

1916 Natalia Ginzburg nace el 14 de julio en Palermo, hija de Giuseppe Levi, catedrático de Anatomía, y de Lidia Tanzi. Es la menor de cinco hermanos.

1919 La familia Levi se muda a Turín. Natalia no asiste a la escuela, sino que estudia en su casa.

1927 Natalia ingresa al Liceo-Ginnasio Vittorio Alfieri.

1933 Escribe su primera narración "seria", "Una ausencia".

1934 Primera publicación, en la revista literaria *Solaria*.

1935 Natalia obtiene el bachillerato y comienza a estudiar Letras, carrera que no termina. Nuevas publicaciones de cuentos en diversas revistas.

1938 Matrimonio con Leone Ginzburg.

1940 Junto con sus dos hijos, Carlo y Andrea, sigue a su marido al confinamiento en Pizzoli, en los Abruzos. Su hija Alessandra nace en 1943 en L'Aquila, la ciudad más cercana.

1942 Publica su primera novela, *El camino que va a la ciudad*, en la editorial Einaudi y bajo el seudónimo de Alessandra Tornimparte. Traduce a Proust.

1943 El 26 de julio, tras la caída de Mussolini, Leone Ginzburg deja el confinamiento y viaja a Roma para actuar en la resistencia clandestina. Natalia lo sigue en octubre. El 20 de noviembre, Leone es detenido en una imprenta clandestina en via Basento y, al poco tiempo, trasladado al sector alemán de la prisión Regina Coeli, en Roma. Natalia se esconde con los niños en un convento de la via Nomentana.

1944 Leone Ginzburg muere el 5 de febrero en prisión, luego de una sesión de tortura. Natalia se refugia en Florencia, con familiares y amigos. Tras la Liberación, en octubre, regresa a Roma. Comienza a trabajar como editora para la editorial Einaudi.
La revista *Mercurio* publica su poema "Memoria".

1945 Natalia Ginzburg vuelve a Turín y sigue trabajando para Einaudi.

1947 Publica su primera novela, *Y eso fue lo que pasó*.

1950 Natalia Ginzburg se casa con Gabriele Baldini, profesor de Literatura Inglesa en la Universidad de Trieste.

1952 Se muda a Roma, donde su marido ve confirmada una cátedra universitaria. Publica la novela *Todos nuestros ayeres*.

1957 El relato "Valentino" es publicado en un tomo junto con "Sagitario" y "La madre".

1959 Se muda con Gabriele Baldini a Londres, donde él dirige durante dos años el Instituto Italiano de Cultura.

1961 Publica la novela *Las palabras de la noche*.

1962 Regresa con su marido a Roma y se muda a un departamento de Piazza Campo Marzio. Publica su libro de ensayos *Las pequeñas virtudes*.

1963 Publica la novela autobiográfica *Léxico familiar* y recibe el Premio Strega.

1965 Su primera comedia, *Me casé por alegría*, es estrenada con éxito y publicada (al año siguiente) junto con otras obras de teatro, bajo el título *Ti ho sposato per allegria e altre commedie*.

1969 Gabriele Baldini muere en el Ospedale San Giacomo de Roma, por hepatitis viral.

1970 Natalia Ginzburg publica el libro de ensayos *Nunca me preguntes*.

1973 Son publicados otro tomo con obras de teatro, *Paese di mare*, y la novela –mezcla de narrativa y género epistolar– *Querido Miguel*.

1974 Publica *Vita immaginaria*, libro que reúne ensayos y artículos.

1977 Bajo el título *Familia* se publican dos cuentos largos, "Familia" y "Burguesía".

1983 Publica la crónica biográfica *La famiglia Manzoni* y gana las elecciones como diputada "independiente de izquierda", dentro de las listas del PCI.

1984 Publica la novela epistolar *La ciudad y la casa*.

1987 Natalia Ginzburg comienza un nuevo mandato como diputada.

1989 Con el título *Vita attraverso le lettere*, se publica su selección de las cartas de Antón Chéjov, con una introducción biográfica escrita por ella.

1990 Publica *Serena Cruz o la verdadera justicia*, libro de intervención y de documentación en torno al caso de la adopción de la niña filipina Serena Cruz.

1991 Natalia Ginzburg muere el 8 de octubre en Roma.

Nota de la autora

Este libro cedió la palabra a muchos textos de la propia Natalia Ginzburg y de sus contemporáneos, en especial los que no estaban accesibles en alemán. Para mantener una coherencia estilística, todas las citas fueron traducidas de nuevo del italiano al alemán. Las obras de Natalia Ginzburg refieren a la edición de sus *Opere*, 2 tomos, Milán, Mondadori, "I Meridiani", 1986 y 1987. Los textos no incluidos en esos tomos están tomados de las ediciones mencionadas en la sección de fuentes.

Además se utilizaron otros materiales que sería imposible registrar en una bibliografía, como entrevistas escritas y orales, artículos de medios gráficos, los discursos parlamentarios de Natalia Ginzburg y material del Archivo Einaudi (de donde provienen los extractos del intercambio epistolar con la editorial, así como el poema "No podemos saberlo", citado al final del libro).

Durante mi trabajo, fueron muchas las personas que me ayudaron de distintas maneras.

Los hijos de Natalia Ginzburg y algunos de sus amigos me dedicaron su tiempo con mucha generosidad y compartieron conmigo sus recuerdos y anécdotas personales.

A Carlo y Luisa Ginzburg les agradezco las largas conversaciones, su hospitalidad en Bolonia y los "aportes del Parlamento". A Andrea Ginzburg y Alessandra Ginzburg, la información detallada y también gran parte de las fotos que acompañan este libro.

A Rosetta Loy le agradezco las charlas, el estímulo y la bienvenida en Roma; también estoy agradecida con Cesare Garboli y Vittorio Foa, que encontraron espacio para mis preguntas; a Dinda Gallo, que me habló toda una tarde de su amiga Natalia y me prestó libros y cassettes; a Barbarina Ceradini, que me contó mucho, en especial sobre su hermano, Gabriele Baldini.

Agradezco a Silvana Ottieri la conversación en Milán y a Grazia Livi por haber establecido este contacto.

Agradezco a Giulio Einaudi que, por medio de Roberto Cazzola, me permitió investigar no solo las reseñas y entrevistas, sino también la correspondencia de Natalia Ginzburg con la editorial, y a Fulvio Barberino del Archivo Einaudi en Turín por la velocidad con la que puso el material a mi disposición.

A Gisela Baratta y su familia les agradezco la hospitalidad en Roma; a Marie-Thérèse Giraud y Enrico Ercole, la de Turín.

A Helmut Frielinghaus, mi interlocutor en el sentido ginzburguiano, le agradezco la atención, el entusiasmo y los consejos; a Traudi Pulz, la referencia de un libro importante; y a mis primeras lectoras Barbara Dietz, Waltraud Fischer, Monika Reinhard y Brigitte Pflug, su curiosidad, sus propuestas y su paciencia.

Agradezco a Susanne Schüssler y a Klaus Wagenbach por las ideas y sugerencias; a Susanne Müller y Stefanie Scharnberg, la colaboración con la sección de personas mencionadas.

Agradezco a Vittorio Rieser por los recuerdos de su infancia en Turín y, muy especialmente, a Günter Bechtle por su capacidad crítica inagotable y su gran ayuda material durante todo el proceso de mi escritura.

Maja Pflug

Fuentes

Obras de Natalia Ginzburg

La strada che va in città, Turín, Einaudi, 1942, con el seudónimo Alessandra Tornimparte [ed. cast., a partir de versión ampliada: *El camino que va a la ciudad y otros relatos*, Barcelona, Acantilado, col. "Narrativa del Acantilado", 2019].

È stato così, Turín, Einaudi, 1947 [ed. cast.: *Y eso fue lo que pasó*, con prólogo de Italo Calvino, Barcelona, Acantilado, col. "Narrativa del Acantilado", 2016].

Tutti i nostri ieri, Turín, Einaudi, 1952 [ed. cast.: *Todos nuestros ayeres*, con prólogo de Elena Medel, Barcelona, Lumen, 2016].

Valentino, Turín, Einaudi, 1957 [ed. cast., a partir de versión ampliada: *Sagitario*, Barcelona, Espasa-Calpe, 2002].

Le voci della sera, Turín, Einaudi, 1961 [ed. cast.: *Las palabras de la noche*, Valencia, Pre-textos, 1994].

Le piccole virtù, Turín, Einaudi, 1962 [ed. cast.: *Las pequeñas virtudes*, Barcelona, Acantilado, col. "El Acantilado", 2002].

Lessico famigliare, Turín, Einaudi, 1963 [ed. cast.: *Léxico familiar*, Barcelona, Lumen, 2016].

Cinque romanzi brevi, Turín, Einaudi, 1964 (incluye *La strada che va in città*, *È stato così*, *Tutti i nostri ieri*, *Valentino*, *Sagittario*, los relatos "Un'assenza", "Casa al mare", "Mio marito" y "La madre", más reflexiones de la autora en su nota preliminar).

Ti ho sposato per allegria e altre commedie, Turín, Einaudi, 1966 [en castellano, está disponible *Me casé por alegría*, Barcelona, Acantilado, col. "Cuadernos del Acantilado", 2018].

Mai devi domandarmi, Milán, Garzanti, 1970 [ed. cast.: *Nunca me preguntes*, Barcelona, Dopesa, 1974].

Paese di mare, Milán, Garzanti, 1973.

Caro Michele, Milán, Mondadori, 1973 [ed. cast.: *Querido Miguel*, Buenos Aires, Fausto, 1974].

Vita immaginaria, Milán, Mondadori, 1974.

Famiglia, Turín, Einaudi, 1977 [ed. cast.: *Familia*, Madrid, Alfaguara, 1982].

La famiglia Manzoni, Turín, Einaudi, 1983.

La città e la casa, Turín, Einaudi, 1984 [ed. cast.: *La ciudad y la casa*, con prólogo de Elena Medel, Barcelona, Lumen, 2017].

Opere, ed. en 2 tomos, Milán, Mondadori, "I Meridiani" (t. 1, 1986; t. 2, 1987).

L'intervista. Commedia in tre atti, Turín, Einaudi, 1989 [hubo una puesta de *La entrevista* en el British Arts Centre de Buenos Aires en 2006].

Serena Cruz o la vera giustizia, Turín, Einaudi, 1990 [ed. cast.: *Serena Cruz o la verdadera justicia*, Barcelona, Acantilado, col. "Cuadernos del Acantilado", 2010].

[Actualmente se dispone de un tomo de ensayos reunidos: *Non possiamo saperlo. Saggi 1973-1990*, Turín, Einaudi, 2001; ed. cast.: *Ensayos*, con prólogo de Flavia Company, Barcelona, Lumen, 2009. En cuanto al teatro, permanecen inéditas las versiones castellanas de *La secretaria* –Carmen Martín Gaite, a finales de la década de 1990– y de *El anuncio* –Vicente Balart, 1970–, llevadas a escena en España].

Traducciones de Natalia Ginzburg

Vercors [seudónimo de Jean Bruller], *Il silenzio del mare*, Turín, Einaudi, 1945.

Marcel Proust, *La strada di Swann*, Turín, Einaudi, 1946; nva. ed. rev. con posfacio, 1990.

Igor Markevitch [Ígor Markévich], *Made in Italy*, Turín, Einaudi, 1948.

Gustave Flaubert, *Madame Bovary*, Turín, Einaudi, 1983.

Molyda Szymusiak [Buth Keo], *Il racconto di Peuw, bambina cambogiana (1975-1980)*, Turín, Einaudi, 1986.

Marguerite Duras, *Suzanna Andler*, Turín, Einaudi, 1987.

Saul Friedländer, *A poco a poco il ricordo*, Turín, Einaudi, 1990.

Guy de Maupassant, *Una vita*, Turín, Einaudi, 1992.

Ediciones al cuidado de Natalia Ginzburg

(en colaboración con Leone Ginzburg) Charles de Montesquieu, *Riflessioni e pensieri inediti 1716-1755*, Turín, Einaudi, 1943 [traducción de L. G.].

(en colaboración con Giovanna Delfini) Antonio Delfini, *Diari 1927-1961*, Turín, Einaudi, 1982.

Anton Čechov [Antón Chéjov], *Vita attraverso le lettere*, Turín, Einaudi, "Gli struzzi", 1989 [ed. cast.: Natalia Ginzburg, *Antón Chéjov*, Barcelona, Acantilado, col. "Cuadernos del Acantilado", 2006].

Introducciones y prefacios

Marchesa Colombi [seudónimo de Maria Antonietta Torriani], *Un matrimonio in provincia*, Turín, Einaudi, 1973 [ed. cast.: "Posfacio", a Marquesa Colombi, *Un matrimonio de provincias*, Zaragoza, Contraseña, 2011].

Primo Levi, *Il sistema periodico*, Turín, Einaudi, 1979 [libro previamente publicado con el seudónimo Damiano Malabaila].

Mario Soldati, *La carta del cielo*, Turín, Einaudi, 1980.

Lev Tolstoj [León Tolstói], *Anna Karenina*, 1945 [es la traducción de Leone Ginzburg].
–, *Resurrezione*, Turín, Einaudi, 1952.

Fedor Dostoevskij [Fiódor Dostoievski], *Delitto e castigo*, Turín, Einaudi, 1947.

Anna [Ana] Frank, *Diario*, Turín, Einaudi, 1954.

Umberto Pavia, *Quaderno dei temi*, Turín, Einaudi, 1977.

Tommaso Bordonaro, *La spartenza*, Turín, Einaudi, 1991.

Sobre Natalia Ginzburg

È difficile parlare di sé. Conversazione a più voci condatta da Marino Sinibaldi, ed. al cuidado de Cesare Garboli y Lisa Ginzburg, Turín, Einaudi, "Gli struzzi", 1999.

[Otra fuente importante es Cesare Pavese, Felice Balbo, Natalia Ginzburg, *Lettere a Ludovica*, ed. al cuidado de Carlo Ginzburg, Milán, Archinto, 2008].

Bibliografía secundaria

Andrae, Friedrich, *Auch gegen Frauen und Kinder. Der Krieg der deutschen Wehrmacht gegen die Zivilbevölkerung in Italien 1943-1945*, Múnich - Zúrich, Piper, 1995.

Bertone, Giorgio, *Italo Calvino, Il castello della scrittura*, Turín, Einaudi, 1994.

Bobbio, Norberto, *Maestri e compagni*, Florencia, Passigli, 1984.

Bullock, Alan, *Natalia Ginzburg. Human Relationships in a Changing World*, Nueva York - Óxford, Berg, "Women's Series", 1991.

Clementelli, Elena, *Invito alla lettura di Natalia Ginzburg*, Milán, Mursia, 1972.

Cesari, Severino, *Colloquio con Giulio Einaudi*, Roma, Theoria, 1991 [ed. cast.: *Conversaciones con Giulio Einaudi*, Madrid, Trama, 2009].

De Felice, Renzo, *Storia degli ebrei italiani sotto il fascismo*, Turín, Einaudi, 1993.

Falaschi, Giovanni (comp.), *La letteratura partigiana in Italia 1943-1945*, Roma, Editori Riuniti, 1984.

Fallaci, Oriana, *Gli antipatici*, Milán, Rizzoli, 1963 [ed. cast.: *Los antipáticos*, Barcelona, Mateu, 1964].

Fleischanderl, Karin, *Das Universum der Melancholie. Die Familie als Bild und Realität im Werk Natalia Ginzburgs*, tesis, Viena, 1989.

Foa, Vittorio, *Il cavallo e la torre*, Turín, Einaudi, 1991.

Garboli, Cesare, *Scritti servili*, Turín, Einaudi, 1989.

Ginsborg, Paul, *Storia d'Italia dal dopoguerra a oggi*, Turín, Einaudi, 1989 [ed. orig. actualizada: *A History of Contemporary Italy. Society and Politics 1943-1988*, Nueva York, Palgrave Macmillan, 2003].

Hausmann, Friederike, *Kleine Geschichte Italiens seit 1943*, Berlín, Wagenbach, 1994 [hay sucesivas eds. actualizadas].

Heilbrun, Carolyn G., *Scrivere la vita di una donna*, Milán, La Tartaruga, 1990.

Höhenwarter, Sabine, *Die Dinge in mir. Leben und Werk der Natalia Ginzburg*, Viena, Wiener Frauenverlag, 1992.

Hösle, Johannes - Eitd, Wolgang (comps.), *Italienische Literatur der Gegenwart*, Stuttgart, Kröner, 1974.

Kapp, Volker (comp.), *Italienische Literaturgeschichte*, Stuttgart - Weimar, Metzler, 1992.

Klüger, Ruth, *Vivere ancora*, Turín, Einaudi, 1995.

Lajolo, Davide, *Il vizio assurdo*, Milán, Il Saggiatore, 1967 [1ª ed., 1961; clásica biografía de Cesare Pavese].

Levi Montalcini, Rita, *Elogio dell'imperfezione*, Milán, Garzanti, 1990 [ed. cast.: *Elogio de la imperfección*, Barcelona, Tusquets, 2015].

Marchionne Picchione, Luciana, *Natalia Ginzburg*, Florencia, Il Castoro, 1978.

Morante, Elsa, *Pro o contro la bomba atomica e altri scritti*, Milán, Adelphi, 1987.

Naldini, Nico, *Pasolini, una vita*, Turín, Einaudi, 1989 [ed. cast.: *Pier Paolo Pasolini*, Barcelona, Circe, 1992; hasta su muerte, Naldini publicó sucesivas ediciones de ensayos biográficos sobre su primo Pasolini, además de cuidar el rescate de material documental e iconográfico].

Pasolini, Pier Paolo, *Empirismo eretico*, Milán, Garzanti, 1972 [ed. cast.: *Empirismo herético*, Buenos Aires, Brujas, 2005].

Pavese, Cesare, *Vita attraverso le lettere*, ed. al cuidado de Lorenzo Mondo, Turín, Einaudi, 1973.

Piemontese, Felice, *Autodizionario degli scrittori italiani*, Milán, Leonardo, 1990.

Procacci, Giuliano, *Storia degli italiani*, Roma - Bari, Laterza, 1968.

Turi, Gabriele, *Casa Einaudi. Libri, uomini, idee oltre il fascismo*, Bolonia, Il Mulino, 1990.

Weil, Grete, *Meine Schwester Antigone*, Frankfurt, Fischer, 1982.

Personas mencionadas

Antonicelli, Franco (1902-1974), antifascista, colaborador de Einaudi en los años iniciales de la editorial.

Asti, Adriana (nac. 1933), actriz; protagonizó *Me casé por alegría* y otras obras de Natalia Ginzburg.

Badoglio, Pietro (1871-1956), general; tras la caída de Mussolini en 1943, el rey lo nombró jefe de gobierno. Negoció con los Aliados la capitulación de Italia.

Balbo, Felice (1913-1964), escritor y político antifascista, de la izquierda católica. Cuidó dos colecciones de filosofía para la Einaudi.

Balbo, Laura (nac. 1933), amiga y colega parlamentaria de Natalia Ginzburg.

Balbo, Lola, esposa de Felice Balbo, traductora.

Baldini, Antonio (6/1/1959-2/3/1960), hijo de Natalia Ginzburg y Gabriele Baldini.

Baldini, Gabriele (1919-1969), especialista en literatura inglesa, escritor y crítico, segundo marido de Natalia Ginzburg.

Baldini, Susanna (4/9/1954-15/7/2002), hija de Natalia Ginzburg y Gabriele Baldini.

Bassani, Giorgio (1916-2000), poeta, narrador, ensayista, editor, ganador del Premio Strega 1956. Su monumental ciclo narrativo situado en Ferrara evalúa memoria, terrores e ilusiones de la sociedad italiana, pasados por el prisma de minorías étnicas, sexuales y políticas.

Baye, Nathalie (nac. 1948), actriz francesa.

Beccaria, Giulia (1762-1841), madre de Alessandro Manzoni.

Bellonci, Maria (1902-1986), escritora italiana, de notables indagaciones históricas, especialmente sobre el Renacimiento; cofundadora del Premio Strega.

Benco, Silvio (1874-1949), escritor y periodista.

Bergman, Ingmar (1918-2007), cineasta sueco de cualidades narrativas especialmente admiradas por Natalia Ginzburg.

Berlinguer, Enrico (1922-1984), desde 1972 hasta su muerte, secretario general del Partido Comunista Italiano.

Biraghi, Giuseppina (fallecida en 1887), abuela materna de Natalia Ginzburg.

Bissolati Bergamaschi, Leonida (1857-1920), político, cofundador del Partido Socialista Italiano.

Blake, William (1757-1827), pintor y poeta inglés.

Bo, Carlo (1911-2001), especialista en lenguas romances, rector de la Universidad de Urbino, crítico literario.

Bobbio, Norberto (1909-2004), enseñó filosofía política en Turín durante más de cuatro décadas y fue senador vitalicio; compañero de liceo de Leone Ginzburg.

Cajumi, Arrigo (1899-1955), antifascista, colaborador de Einaudi durante los primeros años de la editorial.

Caldwell, Erskine (1903-1987), escritor estadounidense.

Calvino, Italo (1923-1985), escritor y editor, compañero e interlocutor de Natalia Ginzburg en el intenso trabajo para el sello Einaudi.

Capuana, Luigi (1839-1915), escritor, periodista, crítico literario y teórico del verismo italiano.

Carena, Carlo (nac. 1925), traductor, crítico, docente, colaborador de la editorial Einaudi.

Citati, Pietro (nac. 1930), escritor, ensayista, crítico literario.

Clementelli, Elena (nac. 1923), crítica literaria (*Invito alla lettura di Natalia Ginzburg*).

Collodi, Carlo (Carlo Lorenzini, 1826-1890), escritor satírico y pedagógico, célebre por su *Pinocho*, originariamente publicado como folletín.

Colombi, Marchesa (Maria Antonietta Torriani, 1840-1920), escritora y periodista del siglo XIX (*Un casamiento de provincias*), partidaria de la emancipación femenina.

Compton-Burnett, Ivy (1884-1969), novelista inglesa, cuyos textos Natalia Ginzburg pasó a "am[ar] de un modo furioso" y tomó como modelo de sobriedad y ritmo literarios.

Coppola, Luca, periodista y director de teatro, fue asesinado en Sicilia en 1987, en un crimen de odio.

Corazzini, Sergio (1886-1907), poeta, representante del decadentismo literario.

Corti, Maria (1915-2002), filóloga, crítica, editora y escritora. Después de sufrir segregación por su origen judío durante el fascismo, abrió nuevas vías para los estudios literarios y semióticos en Europa.

Croce, Benedetto (1866-1952), filósofo, historiador, crítico y político liberal; editor y líder espiritual del antifascismo. Leone Ginzburg frecuentó su círculo y sus debates.

Croce, Elena (1915-1994), hija de Benedetto Croce, se destacó como aguda ensayista y memorialista.

Cruz, Serena, niña filipina cuyo caso desencadenó una discusión fundamental sobre el sistema de adopción en Italia. Natalia la tomó como tema de un libro de intervención.

D'Annunzio, Gabriele (1863-1938); escritor, "vate de Italia", principal representante de la orientación decadentista, simpatizante del fascismo.

De Carlo, Andrea (nac. 1952), escritor.

De Tommaso, Piero, crítico literario.

Debenedetti, Santorre (1878-1948), destacado filólogo y editor, amigo del matrimonio Ginzburg.

Del Buono, Oreste (1923-2003), escritor y crítico de cine y literatura.

Delfini, Antonio (1907-1963), escritor y colaborador periodístico.

Donat, Robert (1905-1958), actor de cine y teatro, inglés.

Dubček, Alexander (1921-1992), líder del movimiento de reforma checoslovaco durante la Primavera de Praga en 1968.

Einaudi, Giulio (1912-1999), editor, hijo de Luigi Einaudi.

Einaudi, Luigi (1874-1961), economista, miembro de la Democracia Cristiana, presidente de Italia de 1948 a 1955.

Fallaci, Oriana (1929-2006), periodista, cronista de guerra y escritora, célebre por sus polémicas públicas.

Falqui, Enrico (1901-1974), crítico literario.

Fellini, Federico (1920-1993), guionista y director de cine, uno de los más influyentes del siglo XX.

Fenoglio, Beppe (1922-1963), escritor que supera la actitud celebratoria del movimiento partisano, mostrando sus claroscuros.

Foà, Luciano (1915-2005), colaborador decisivo de la editorial Einaudi, que sostuvo luego del suicidio de Pavese.

Foa, Vittorio (1910-2008), sindicalista y político, senador del Partido Democrático de Izquierda (PDS).

Frassinelli, Carlo (1896-1983), futurista, bolchevique, impresor, tipógrafo y autor; fundador de la editorial Frassinelli.

Fröhlich, Hans J. (1932-1986), escritor y crítico literario.

Gadda, Carlo Emilio (1893-1973), escritor que renovó la literatura italiana (*El zafarrancho aquel de via Merulana*), borrando fronteras entre variedades de lengua.

Gallo, Dinda, amiga de Natalia Ginzburg.

Garboli, Cesare (1928-2004), ensayista, crítico literario, editor de las obras completas de Natalia Ginzburg en la serie "I Meridiani" de la editorial Mondadori.

García Lorca, Federico (1898-1936), poeta y dramaturgo español, asesinado por tropas fascistas durante la Guerra Civil.

Geymonat, Ludovico (1908-1991), filósofo, colaborador de Einaudi en los años de fundación de la editorial.

Ginzburg, Alessandra (nac. 20/3/1943), destacada psicoanalista, hija de Natalia y Leone Ginzburg.

Ginzburg, Andrea (1940-2018), economista, hijo de Natalia y Leone Ginzburg, fundó la Facultad de Economía de la Universidad de Módena.

Ginzburg, Carlo (nac. 15/4/1939), hijo de Natalia y de Leone Ginzburg, es uno de los historiadores más influyentes en la escena contemporánea. Profesor emérito en la UCLA y en la Scuola Normale Superiore di Pisa, se vale del "paradigma indiciario" para indagar temas de microhistoria cultural o identitaria (los procesos de la Inquisición, los saberes de los sectores subalternos, el *sabbat*).

Ginzburg, Leone (Lev Fiodórovich, 4/4/1909-5/2/1944), especialista en lenguas eslavas y literatura francesa, escritor y antifascista de origen ruso, cofundador de la editorial Einaudi; primer marido de Natalia Ginzburg. Falleció víctima de torturas en el sector de la prisión romana Regina Coeli bajo control nazi.

Ginzburg, Marussia (1896-1985), hermana de Leone Ginzburg.

Ginzburg, Nicola (1899-1985), hermano de Leone Ginzburg.

Ginzburg, Teodoro (Tanchun Notkovich, luego Fiódor Nikolaievich), padre de Leone Ginzburg.

Ginzburg, Vera (Vera Hava Golda Grilihas, 1873-1963), madre de Leone Ginzburg.

Giua, Michele (1889-1966), catedrático de química e investigador, amigo de los padres de Natalia Ginzburg.

Gozzano, Guido (1883-1916), poeta, representante más destacado del crepuscularismo.

Gramsci, Antonio (1891-1937), líder entre los marxistas italianos, político, escritor, periodista de pensamiento heterodoxo; muerto en prisión bajo el régimen fascista.

Haber, Alessandro (nac. 1947), destacado actor; en época reciente se inició como director.

Havel, Václav (1936-2011), escritor y presidente de la República Checa.

Hikmet, Nazim (1902-1963), poeta turco, perseguido por su militancia comunista.

Kuliscioff, Anna (Anna Kulishova, 1857-1925), revolucionaria rusa emigrada a Italia; compañera de vida y colaboradora de Filippo Turati; amiga de la madre de Natalia Ginzburg.

Lagorio, Gina (1922-2005), escritora y ensayista, diputada.

Landolfi, Tommaso (1908-1979), narrador –uno de los maestros del género fantástico en Italia–, traductor y periodista.

Laterza, Giovanni (1873-1943), editor que, pese a las intimidaciones por parte del régimen fascista, sostuvo una notable línea erudita "liberal", publicando muy cuidados volúmenes de humanidades; colaborador cercano de Benedetto Croce, quien le confió su revista *La Critica* y luego la enorme mayoría de sus obras.

Lazzarini, Giulia (nac. 1934), actriz, célebre por su interpretación de personajes sensibles y frágiles.

Levi, Alberto (1909-1969), médico, hermano de Natalia Ginzburg. Adhirió a Giustizia e Libertà.

Levi, Carlo (1902-1975), pintor y escritor; *Cristo se detuvo en Eboli* presenta sus vivencias como confinado político durante el fascismo.

Levi, Cesare (1872-1926), crítico de teatro, tío paterno de Natalia Ginzburg.

Levi, Gino (Gino Martinoli, 1901-1996), hermano de Natalia Ginzburg. Fue director técnico de Olivetti y director general de Agip Nucleare.

Levi, Giuseppe (15/10/1872-5/2/1965), histólogo, padre de Natalia Ginzburg. Pionero del cultivo de células *in vitro* y experto en el sistema nervioso, formó a una generación de brillantes investigadores en anatomía, microbiología y medicina.

Levi, Mario (1905-1973), hermano de Natalia Ginzburg; emigró a Francia.

Levi, Michele, banquero, abuelo paterno de Natalia Ginzburg.

Levi, Paola (1902-1986), hermana de Natalia Ginzburg; primera esposa del industrial Adriano Olivetti, después compañera de los escritores Carlo Levi y Mario Tobino.

Levi, Primo (1919-1987), químico y partisano que se reveló como narrador con el ciclo acerca de su experiencia identitaria judía, como segregado y como sobreviviente del campo de exterminio de Auschwitz, además de su tortuoso regreso a Italia. Murió suicida.

Levi Montalcini, Rita (1909-2012), científica; estudió con Giuseppe Levi; en 1986 obtuvo el Premio Nobel de Medicina.

Lombroso Carrara, Paola (1872-1954), autora de libros para niños –con el seudónimo Zia Mariù–, amiga de los padres de Natalia Ginzburg.

Longanesi, Leo (1905-1957), periodista, pintor, satirista, editor. Fundó la editorial homónima y dirigió influyentes publicaciones, como *Il Borghese*, de claro sesgo derechista.

Loy, Rosetta (nac. 1931), escritora y amiga de Natalia Ginzburg.

Lussu, Emilio (1890-1975), político y escritor, emigró a Francia durante el fascismo; cofundador del movimiento antifascista Giustizia e Libertà y del Partito d'Azione en Cerdeña. Desde 1947, miembro del Partido Socialista; diputado entre 1953 y 1968.

Magnani, Anna (1908-1973), destacada actriz de cine, célebre emblema del neorrealismo.

Malvano, Carla, amiga de la infancia de Vittorio Foa y Leone Ginzburg.

Malvano, Paola, amiga de la infancia de Vittorio Foa y Leone Ginzburg.

Manfredi, Nino (Saturnino Manfredi, 1921-2004), estrella del radioteatro, el teatro de revista y el cine de posguerra, sobre todo en lo que se da en llamar *commedia all'italiana*.

Manzoni, Alessandro (1785-1873), poeta, moralista y célebre exponente de la novela histórica (*Los novios*); se comprometió con la unidad de Italia y sentó las bases para un idioma italiano escrito moderno y homogéneo.

Maraini, Dacia (nac. 1936), escritora, dramaturga y memorialista de notoria perspectiva feminista; ganó el Premio Strega en 1999. Amiga de Natalia Ginzburg. Sostuvo una larga relación con Alberto Moravia.

Marangoni, Matteo (1876-1958), historiador del arte; primer marido de Drusilla Tanzi, tía materna de Natalia Ginzburg,

Martinoli, Gino, *véase* Levi, Gino.

Meir, Golda (Golda Mabovich/Meyerson, 1898-1978), premier de Israel entre 1969 y 1974.

Mila, Massimo (1910-1988), musicólogo y crítico, colaborador de la editorial Einaudi.

Modigliani, Jeanne (Giovanna Hébuterne, 1918-1984), esposa de Mario, hermano de Natalia Ginzburg. Hija de los pintores Amedeo Modigliani y Jeanne Hébuterne, fue escritora y activista de la Resistencia francesa.

Mondadori, Arnoldo (1889-1971), fundador de una de las editoriales decisivas en la Italia contemporánea. Tuvo una enorme expansión debido a su adhesión orgánica al régimen fascista.

Montale, Eugenio (1896-1981), poeta caracterizado por el escepticismo y el pesimismo, ganador del Premio Nobel 1975; senador vitalicio a partir de 1967; segundo marido de Drusilla Tanzi, tía de Natalia Ginzburg.

Monti, Augusto (1881-1966), antifascista, profesor en el Liceo Classico Massimo d'Azeglio turinés, escritor.

Morante, Elsa (1912-1985), novelista y amiga de Natalia Ginzburg. Esposa de Alberto Moravia. Pasolini la definió como autora "pasional, visceral y tormentosa" con estupendo control de su prosa y su voz lírica.

Moravia, Alberto (Alberto Pincherle, 1907-1990), escritor que renovó la prosa y las temáticas de la narrativa italiana del siglo XX.

Morovich, Enrico (1906-1994), escritor, cuya obra suele definirse como surrealista.

Mussolini, Benito (1883-1945), líder fascista, formado como socialista; tomó el poder en 1922 con la "marcha sobre Roma"; junto a su amante Claretta Petacci, fue asesinado en 1945 por la Resistencia.

Nitti, Fausto (1899-1974), cofundador del movimiento antifascista Giustizia e Libertà.

Olivetti, Adriano (1901-1960), hijo de Camillo Olivetti; antifascista; industrial, editor; marido de Paola Levi.

Olivetti, Camillo (1868-1943), fundador de la fábrica de máquinas de escribir que lleva su nombre, en Ivrea.

Olivier, Laurence (1907-1989), actor y director inglés.

Ortese, Anna Maria (1914-1998), escritora que en sus textos suele presentar un contrapunto entre pasado y presente. Publicó el poema "Memoria" de Natalia Ginzburg, que en ese momento dejaba de usar seudónimo.

Pajetta, Giancarlo (1911-1990), político, antifascista, diputado comunista.

Pampaloni, Geno (1918-2001), crítico literario, escritor.

Parente, nonno (Isach Giuseppe Levi), bisabuelo paterno de Natalia Ginzburg.

Parri, Ferruccio (1890-1981), uno de los exponentes más importantes de la Resistencia. Primer ministro del primer gobierno italiano posterior a la Liberación (1945), luego senador vitalicio.

Pascoli, Giovanni (1855-1912), poeta y erudito, que abrió la senda a la experimentación del siglo XX.

Pasolini, Pier Paolo (1922-1975), poeta, narrador, ensayista y director de cine, asesinado en Ostia, en un crimen del poder cuyos móviles fueron tan debatidos como poco develados.

Pavese, Cesare (1908-1950), escritor y traductor de literatura estadounidense, director literario de la editorial Einaudi. Amigo e interlocutor cotidiano de Leone Ginzburg (a quien conocía desde el liceo) y de Natalia, con quien sostuvo además enorme cantidad de proyectos y debates.

Penna, Sandro (1906-1977), poeta cuya obra celebra el eros homosexual fusionando la tradición epigramática griega con recursos del hermetismo.

Pertini, Sandro (1896-1990), antifascista, combatiente de la Resistencia; después de la guerra, jefe de redacción del periódico partidario *Avanti!*; presidente de la República Italiana de 1978 a 1985.

Perugia, Emma, abuela paterna de Natalia Ginzburg.

Pestelli, Leo (1909-1977), periodista y crítico cinematográfico.

Pinter, Harold (1930-2008), dramaturgo inglés, premio Nobel de Literatura 2005.

Pitigrilli (Dino Segre, 1893-1975), autor de novelas eróticas; espía de la policía secreta fascista.

Plowright, Joan (nac. 1929), actriz inglesa.

Prato, Dolores (1892-1983), escritora de gran lucidez introspectiva.

Pratolini, Vasco (1913-1991), escritor, destacado exponente de la corriente neorrealista.

Presle, Micheline (nac. 1922), actriz francesa.

Prosperi, Carola (1883-1981), escritora que sitúa sus tramas en el ámbito burgués de provincias.

Quadri, Franco (1936-2011), crítico teatral.

Ramondino, Fabrizia (1936-2008), escritora "descubierta" por Natalia Ginzburg.

Rosselli, Amelia (1930-1996), poeta multilingüe, caracterizada por innovaciones y forzamientos sintácticos.

Rosselli, Carlo (1899-1937), cofundador del movimiento Giustizia e Libertà; fue asesinado junto a su hermano por extremistas de derecha franceses.

Rossi-Doria, Anna (1938-2017), historiadora feminista; primera esposa de Carlo Ginzburg.

Rossi-Doria, Marina, primera esposa de Andrea Ginzburg.

Saba, Umberto (Umberto Poli, 1883-1957), poeta en cuya obra (intimista, memorialista) convive el tono clásico con la lírica popular.

Salvatorelli, Luigi (1886-1974), historiador, periodista, escritor; amigo de los padres de Natalia Ginzburg.

Samonà, Carmelo (1926-1990), hispanista, docente universitario en Roma, escritor, amigo de la familia Ginzburg.

Sarfatti, Margherita (Margherita Grassini, 1880-1961), hija de Emma Levi (prima de Natalia Ginzburg), desde muy joven adhirió al socialismo, al feminismo. Financió el *Avanti!*, donde conoció a Mussolini, con quien sostuvo una tormentosa relación desde 1913 hasta 1932, y a quien contribuyó a legitimar.

Sartre, Jean-Paul (1905-1980), filósofo, escritor, dramaturgo y *maître-à-penser* francés, de enorme influencia epocal.

Segre, Dino, *véase* Pitigrilli.

Segre, Maria, institutriz de Leone Ginzburg.

Segre, Sion (1910-2003), antifascista; primo de Pitigrilli; amigo de Mario Levi.

Seroni, Adriano (1918-1990), crítico e intelectual antifascista.

Singer, Isaac Bashevis (1904-1991), escritor, premio Nobel de Literatura 1978.

Sofri, Adriano (nac. 1942), dirigente de la organización obrerista Lotta Continua (1969-1976) y jefe de redacción de su revista homónima, que se publicó hasta 1981; en *El juez y el historiador*, Carlo Ginzburg indagó el hostigamiento judicial sufrido por su amigo.

Soldati, Mario (1906-1999), escritor, periodista, director de cine y TV. Su prosa es ágil, de gran inventiva y centrada en cuestiones de conciencia.

Starnone, Domenico (nac. 1943), periodista, ganador del Premio Strega 2001.

Stein, Gertrude (1874-1946), escritora estadounidense de notoria convicción experimental, fue una personalidad de enorme importancia en el movimiento modernista. Su salón parisino reunió a la vanguardia artística.

Stromberg, Kyra (1916-2006), escritora, traductora.

Svevo, Italo (Aron Hector/Ettore Schmitz, 1861-1928), escritor; introductor de Joyce en Italia.

Szymusiak, Molyda (Buth Keo, nac. 1962), escritora y fotógrafa camboyana.

Tanzi, Carlo, abogado; socialista; abuelo materno de Natalia Ginzburg.

Tanzi, Drusilla (1885-1963), tía materna de Natalia Ginzburg, casada en segundas nupcias con el poeta Eugenio Montale.

Tanzi, Lidia (30/11/1878-14/10/1957), compositora y estudiante de medicina; madre de Natalia Ginzburg.

Tanzi, Silvio (1879-1909), compositor y crítico musical; tío materno de Natalia Ginzburg.

Terni, Tullio (1888-1946), alumno, colega y amigo de Giuseppe Levi.

Tobino, Mario (1910-1991), escritor y psiquiatra, pareja de Paola, hermana de Natalia Ginzburg.

Turati, Filippo (1857-1932), uno de los padres fundadores del Partido Socialista; amigo de los abuelos maternos de Natalia Ginzburg.

Ungaretti, Giuseppe (1888-1970), poeta de la escuela hermética.

Vandea, tía de Giuseppe Levi, conocida con ese apodo por su fuerte convicción monárquica, reaccionaria.

Varese, Claudio (1909-2002), crítico literario y ensayista; docente universitario, discípulo de Arnaldo Momigliano.

Visconti, Luchino (1906-1976), director de cine y teatro, *régisseur* de ópera. De brillantes inicios neorrealistas, pasó a preocuparse por los temas de la decadencia y la muerte.

Vittorini, Elio (1908-1966), escritor, traductor, periodista, dirigió la colección "I gettoni" de la editorial Einaudi; formó parte de la resistencia antifascista. Buscó dictar cánones temáticos y estilísticos del escritor comprometido.

Vivanti, Annie (1866-1942), escritora de fuerte tono pasional y trasfondo autobiográfico.

Vollenweider, Alice (1929-2011), especialista en lenguas romances; crítica literaria, autora y traductora, entre otros, de Natalia Ginzburg.

Créditos de las fotos

Archivo editorial Klaus Wagenbach / Archivo familia
Ginzburg: pp. 9, 10, 13, 14, 17, 20, 28, 29, 41, 44,
54, 57, 60, 65, 75, 84, 88, 89, 105, 108, 117, 119,
121, 126, 127, 131, 133, 137, 138, 139, 141, 155,
163, 166, 170, 175, 177, 187, 189, 190, 193

Paola Agosti: p. 178

Cortesía Carlo Ginzburg: pp. 4, 96, 198